节日之书

余世存 著

海南出版社
·海口·

果麦文化 出品

在传统节日里活出中国，见识中国。

夏至　一年至盛，安居修心养身	137
七夕　情感交融的桥梁	155
中元　为生命留有余地	167
中秋　小康生活的圆满	191
重阳　大自然最后的壮观	213
腊八　报告天地的仪礼	229
年关　文明里的信仰情怀	249
过年　在时运的变迁里通变重生	259
在家乡过年	277

目录

序　在节日里活出中国　1

春节　取悦天地的礼乐文明　21

元宵　年岁劳作前的欢聚　29

上巳　情欲萌动的媒介　49

社日　社会之始的认同和欢乐　65

寒食　回到更为本真的生活　83

清明　对家庭的尊崇和对祖先的感恩　99

端午　节气和操守，辟邪和祛灾　119

序

○ 在节日里活出中国

一

在太太和相关编辑的提醒下，才知道有关节日的文章我也写了不少。

包括节日在内的传统文化知识，多年来不是知识界的"显学"。我们有过经济学、社会学等现代社科话语霸权，还有科学叙事霸权，现在又有网文霸权。西学、官学等话语则各唱各调，其要害都在于说的比唱的好。有一次，一个崇尚西学的记者谈起传统文化的沉渣泛起和乌烟瘴气时，大家提到安顿，他恍然，无论主流还是民间，无论西学话语还是官学话语，都未能安顿中国和中国人。在那一特殊的语境中，我们突然理解了前贤"为天地立心，为生民立命"并非虚言大言，而是人生践履的权利和职责。

我个人误打误撞，介入传统文化领域，几乎把自己安身立命的基础打碎重来。人到中年，在众多陌生的领域里学习，居然还能开疆拓土，尤其得到读者们的认可，应该感谢青少年时代所受的现代教育。至于今天的教育是否还具有"现代性"，可能是一个非常有意思的话题。我愿意说，"五四"前贤们"整理国故"的一支在当时异军突起，但成绩终于有限，其原因仍有时间的因素。躬逢其盛的冯友兰教授就说过，新文化运动以来，我们要解决的是从西方文化中学习什么的问题，现在是我们要从传统文化中继承什么的问题。就是说，到了当代，"整理国故"更具有现实性了；但遗憾，襄赞此一事业的仍不多。冯克利教授说过，我们今日仍未形成对西方的正确判断。同样地，我们今日仍不了解自家的传统。

但传统仍然活着，我们每隔十天半月就会在生活中跟它们相遇，节气、传统节日等等，总会时时提醒我们传统文化的效用。百姓日用之道，一直比书上的自由、独立、公益、安全等理论知识更生动。《大时间：重新发现易经》一书写完，有两三年的时间我陷入了沉寂，但内心不断为新的知识收获而生出狂喜，比如有关空间的发现或印证就是最重要的收获之一。我发现或了解到每个人都有自己的九宫图，九宫八卦指示了每个人的空间偏好。

人们较易适应或忍受对空间的感受，因此大部分人对空间的偏好日用而不知，但新的环境仍会暗示他的空间偏好。不同的人对空间的感受是不一样的，就像"学霸"和"学渣"对同一教室有不同的偏好。我在美国的十几个城市中发现自己不讨厌南边，但在北边似乎要踏实一些。而时间会重复或加剧人们的感受，比如家乡，很多"连根拔起"的人，甚至"父母在"的人，回到家乡的感受是找不到家，这一客人的心态随时间加剧。

因此，我们生活其中的时空有大用，是我们人类社会存在的前提；也有小用，它给每一位研思者以巨大的生命能量。诗人就吟唱过："天空一无所有，为何给我安慰？"

二

时间开始了。

但时间是从什么节点开始的？一年的起始点如何划分？稍知两分两至的人多会明白，春夏秋冬都可以成为一年的起点。春分、夏至、冬至三个节气点曾经被很多民族选作一年的起点。早上从中午开始，是的，春天从夏日开始。

我们以为一年的起点是必然的，天经地义的；但事实上的时间起点更多是偶然的，人为的安排。刘宗迪先生说："唯因时间成为我们思想和理解的出发点，因此时间本身，包括作为时间的基本结构的历法制度，就很难成为人们反思的对象。历法，仿佛早就成了一种天经地义的自然现象，亘古如斯，永恒不变。其实，相对于漫长的人类历史而言，我们现在使用的成文历法，还仅仅是非常晚近的事情。"

读过中国史的人知道，在先秦，不同的朝代有不同的纪年开始，夏代的正月是寅月（夏建寅，即以农历一月为开始），商代的正月是丑月（商建丑，以农历十二月或后人说的腊月为开始），周代的正月是子月（周建子，以农历十一月或后人说的冬月为开始）。秦代的正月是亥月（秦建亥，以农历十月为开始）。我也问过很多人，为什么公元纪年的1月1日定在1月1日那一天，而不是1月2日或12月25日那一天？这个自我参照的问题如果改为有参照感的问题，答案就一目了然了。为什么1月1日定在冬至后的第十天、第十一天？显然，冬至才是天经地义的，1月1日倒是人为的。这个编造出来的，跟耶稣诞生后一周相关的日子究竟实用吗？我们很多人习焉不察。

我们现在生活在公元纪年的时间里，但除此之外其实还有很多种类或系统的时间。比如每个中国人至少知道一年有两三个起点：冬至、公历 1 月 1 日、正月初一。但实际上我们还有很多一年的开始，立春，即 2 月 4 日前后，也是一个很好的开始；在大众的心里，不用说正月十五还要拜年，整个正月都是过年，过了正月才是一年投入劳作的开始。而传统中国的税收年曾以农历的十月为起点，我曾问过财经人士，各国的预算年度也不一样，日本的预算年度是每年 4 月 1 日至第二年的 3 月 31 日，美国的预算年度是每年 7 月 1 日至第二年的 6 月 30 日。我国采用公历年度，故 3 月份的全国人民代表大会，其重要的工作就是审查年度预算。

时间（或说空间）为什么如此重要？相对于初始点，人类"一画开天"、凿破混沌之后的行为，就构成了吉凶悔吝的关系。一如我们切蛋糕，在切下第一刀后，无论旁观者还是我们自己，对于后面将要切下的几刀的好坏都心知肚明，或说切得真漂亮，或说切得不够对称，食之可口美味或无胃口，等等。时空板块的状态，也有着如此非常美、非常罪、非常吉祥或凶险的意义。

三

我们人类的时间有按照物候来确定的习惯。几月几日的时间自不用说，它们是以天上的日、月之物象为依据的，年、季也是根据物象物候而来。《说文解字》云："年，谷熟也。""年"字与"稔"同义，表明华夏先民以庄稼收获的周期纪年。"季"字从子，从稚声。"稚"义为"谷种""谷苗"；"子"即谷籽，谷物籽实。"稚"与"子"联合起来表示"谷物从稚苗到结籽的生命周期"。云南的一些少数民族把"布谷鸟又叫了""攀枝花又开了""旱谷又收成了"视为一"年"。古代藏族四时以麦熟为岁首。牧民逐水草而居，"草"具有了牧区"年"的意义。《魏书》卷一百一载宕昌羌"俗无文字，但候草木荣落，记其岁时"。古代鞑靼人、女真人均以草一青为一年。问其年岁，则回答为："我见过×次草返青了。"

在这种物候历阶段，我们先民的节日就是以物候来确定，如过男女相亲、祈求子孙的高禖节，就看玄鸟归来、昼夜等分的时候（春分日），如要举行祭龙祈雨仪式，就根据苍龙星象升上黄昏南方天空（夏至期间）来确定，至于过年，就看太阳的影子最长的时候（冬至）……

到了以干支纪时的天文历法阶段，节日相应做了调整，高禖节的日子改到了每年三月的第一个巳日，此即上巳节的来历；祭龙祈雨的节日被规定在每年五月的第一个午日举行，此即端午节的来历；因为夏历用月相纪时，所以冬至过年也变了，一年的概念就发生了改变，一年不再是指一个太阳回归年，而是指十二个月相周期年（闰年则是十三个），过年的日子就被移到月相周期年（阴历年）的末尾……

到了数字化计时的阶段，节日再次调整。毕竟数字化体系便于记忆与民用，易于推广。比如上巳节就改在了三月初三，端午节就改在了五月初五，等等。到了现代，中国人用公元纪年的数字化时间，在人们的印象中，传统节日弱化，现代节日得以强化，而现代节日也仍以元旦、三八妇女节、五一劳动节、六一儿童节、"双十一光棍节"等数字时间表示。但随着中国历法的合理性在实践中为大众所知，不仅传统节日的回归是现实的，其复兴也是可以期待的。

节日来源于时间，中国传统节日来源于四时、二十四节气、农耕时间。只有理解这些时间，才能理解我们那些源远流长、世代流传的庆典、仪式、信仰、禁忌等等民俗事象和观念。更重要的是，只有理解这些时间，才能理解我们跟这个世界深刻的联系。我们身在其中不觉得，但研究中国节日的西方学者，多把中国的四时节日称为"节令"，可见其中有"天命"，有"律令"。

四

很多人以为我的写作有转向,但"立人三部曲"和《老子传》等书都有长达二十年的读书、积累和写作。这次为本书统稿,发现二十年前我就写过有关家乡过年的文字。十年前写的一篇《春节》也曾为不少报刊转载。我愿意说,自己的人生还算踏实。近年来,不仅我个人有中年移位的伤感,社会上也流行起"中年话题",青春一去不返,重要的是,一代人的道路、经验教训需要整理,需要成为自己和他人的教益。而其中就有人生百年的节令深意。

对我来说,在时空中的调校即是重要的工作。在温习传统节日的时候,我个人受益匪浅。首先,我不断地回到自己的青少年时代,多年来错以为自己的童年少年生活是一个失教的空白,通过研读传统节日,才发现父母给予过我足够多的教育。那些教育跟数千年来的文化传统相关,无论是仲春时节的寒食,还是夏天到草屋上招魂,或是过年出天方,背后都可以牵涉出众多的经典和历史故事。当我回忆起父母带我过节的场景,那种对生命的召唤和安慰难以言喻。

其次,通过温习传统节日,我再一次回到传统文化当中。传统文化的相关知识,很多都是常识,但还原其中的情境和道理，而不是一律斥之为迷信，应该是研究者和写作者的伦理。正是对传统节日习俗的追溯让我们能够发现先人时空意识的重大意义。可以说，研读传统节日也是我再度理解古人和时空的过程。现实生活和传统历史必须相互发现才能使人理解世界并获得安顿，仇恨古人、嘲笑古人虽然容易，但并不能真正使人明心见性。如果把时间、节日当作阴，把地域、生活当作阳，那么，生命只有在获得有效的时间感中才能踏实，即负阴而抱阳，冲气以为和。

写作传统节日，我还重温了明清以来的文学著作。这些著作中对节日的描写，不仅上承《诗经》《礼记》和唐宋笔记，还强化了今人的记忆。我们从中可以了解到，传统节日确实已经成为我们民族的"集体无意识"。古典作家对传统中国人生活的描写是写实的，尤其是他们引入了大量的节日，几乎无节不成书，节日期间社会整体的狂欢和个别家庭的生离死别形成强烈的反差，由此生发出古代小说叙事的"乐中悲"模式。这与其说是一种小说叙事模式，不如说是小说承担起了人生社会的教育功能，即在传统社会的后期，社会个体不能独立新生，为宗亲伦理束缚异化后，注定以悲剧收场。借用经济学大师熊彼特的话，即传统社会的士农工商等阶层在时间和节日里生活，没能从宿命式的毁灭中走出，进入到创造性破坏的新生秩序之中。

美国学者浦安迪注意到《金瓶梅》中的四时节令："作者不厌其烦地描写四季节令,超出了介绍故事背景和按年月顺序叙述事件的范围,可以说已达到了把季节描写看成一种特殊的结构原则的地步……纵览全书,我们常可以看到随着时令的变换,人间热闹与凄凉的情景之间也发生相应的更迭。我们不难觉察,西门庆家运的盛衰与季节循环中的冷热变化息息相关。"

通过节日来写人物甚至安排作品结构,早在当时就为人注意到了,如清代有人论述《红楼梦》说:《红楼梦》有四时气象:前数卷铺叙王谢门庭,安常处顺,梦之春也。省亲一事,备极奢华,如树之秀而繁阴葱茏可悦,梦之夏也。及通灵玉失,两府查抄,如一夜严霜,万木摧落,秋之为梦,岂不悲哉!贾媪终养,宝玉逃禅,其家之瑟缩愁惨,直如冬暮光景,是《红楼》之残梦耳。"

其中有中国文化深刻的观念,即与四时合其吉凶。现代人想当然地以为,所谓过节就是狂欢;至于传统节日的习俗仪式,则是古人的迷信和善良的愿望。其实,节日里有节气的消息,有天道的逻辑。即如中秋,一个渴望团圆而往往不得团圆的日子,其中就有秋天收手以尽人事圆满的意味。至于冬季的腊节、小年、除夕等节日,无一不有慎终追远的告诚，一个人如果不懂得退场、收手，那么他过这些节也就只是过了一个眼前的热闹。用民众的话说，他自己不收，有人来收，有天来收。古典名著中对节日有意无意的运用，其实也是文明法则借以书写的文本。

五

近年来，过节也成了朋友圈、社会群体消费和撕裂的一大现象。消费"洋节"，要求政府禁令国人过"洋节"，等等，一再成为社会新闻。其中的原因多多，最重要的，大概是有人认为我国人在今日文明世界几无立足之本，节日不期而然地成为其中的一个说辞，似乎节日成了身份认同的最后防线之一，但这多少误解了节日的本质。

虽然西哲曾经高抬言语，以为语言是普遍性的，是存在的家，但这类哲人大概没有注意到我国人绝大多数是失声无言地度过一生，没有自己的语言。跟一切前现代社会的子民一样，我国人多数只是前语言的人生经验的存在者，这种人生经验或世界经验不需要语言。但我们绝不能否认失语无声的人生活的幸福和意义，他们同样活出了人性或神性，其中的关键要素在于节日，节日提升了日常生活的经验。

节日就是共同参与，游戏、陶醉、狂欢。节日彰显了历史和现实的经验。伽达默尔说："如果有什么与节日的经验联结在一起，那就是不允许人与他人分隔开来。节日就是共同体的经验，就是共同体自身以其最完美的形式来表现。节日总是一切人的。"就是说包括传统节日在内的一切节日，如校庆日、国庆日、生日、纪念日等等，都有着足够的开放性。节日从来不回避外人，也乐于外人参加；同样地，对外人来说，参与他人的节日不仅是为了自己的利益，也有学习提升自己的需要。

举一个我印象中的例子。儿时乡村人家杀猪是一件大事。我国人有杀猪过年的习俗，杀猪即意味着过年过节，意味着这一家人会过上一个好年。但村里一年到头没几家人有能力过年杀猪，谁家杀猪也就成了村里人的节日。邻居们，尤其是小孩子会跑到杀猪人家里参观，甚至会对猪和杀猪师傅的手艺评价一番：估摸着这头猪有二百斤！这个杀猪师傅有劲，一刀下去就结果了猪的性命！……但更多的时候，话语的比重极少，操作者、参观者都是默默的。当然，有时候这一节日仪式也会变成不快，有人会骂自己的孩子：别人家杀猪，你去凑什么热闹？还有人家的小孩子会对来参观的小孩子耍脾气：这是我们家杀猪，不要你来看……

由此来理解节日的仪式经验非常有趣。节日的话语不是对话，而是表述性行为，如承诺、祈祷、祝福、宣判、提示等，用伽达默尔的话来说，它实际上培养了人的"正确感"："人们必须从事仪式，以此学会思考重要的问题，像死或生。以此人们在这里学会正确地提问。""节日庆典显然体现出以下特征，即在这里，我们不再彼此分离，而是聚集在一起。"

显然，节日是所有人的。中国传统节日中的众多节日都是由一个点生发开来，使最初少数人纪念一个人、一件事的节日仪式演变成全民族的节日。今天，节日对现代人更为重要，节日不仅是为了纪念，为了生活的仪式，还是为了认同和表达。按列斐伏尔等人的说法，现代城市作为一个和乡村不同的封闭性空间，生活在其间的人日益原子化，麻木不仁，毫无个性，人与人之间关系冷漠。节日对现代人来说具有某种反抗的特性。当然，人们更愿意说，日常生活经验多是无聊的，是异化的，是为了准备生活付出的代价，节日才是享有生活本身，节日可以抓住时间，使人进入某种审美过程，从而实现对日常生活的超越。

我们说，时间、空间并不均匀，其具有的能量也不均匀，其系统的各部分因此有着不同的功用，节日乃至特定的时间、空间有着特殊的能量功效。文明在漫长的经验累积中发现，天、地、人构成了某种相应的关系。大地空间的四方跟天地日月相印，跟人的肝胆心肾相印。伽达默尔等人如果理解这一点，或者会更改对节日的定义，那就是，过节，对天坛、地坛、日坛、月坛的祭祀不仅在培养"正确感"，也是在调节生活世界乃至我们身体的脏腑，在调节我们的精神。一个城市的南边不仅代表天、心脏，也代表繁华、活力，而北边则代表地、水，代表财富、权贵，尽管东城富西城阔，崇文穷宣武破，但南城一直是民众的家园，是顽强、创造、分工、服务的象征。对南城的尊崇不仅是敬天畏天，也是对创造性的尊重。同样，其他方位的重要性也不言而喻，只有这些时空和谐相处，我们的世界才会有持续不断的创造性跃迁。

六

我在写节日的篇章时，还温习了现代作家笔下的节日。以节日看作家，现当代作家们对时间的感受多未达到古典作家们的境界。尽管现代史也是波澜壮阔、兴勃亡忽，但不可讳言，包括作家在内的现代中国人多被现代化中的唯物、线性的历史观念占有了。因此，在现当代作家笔下的传统节日，几乎多是民俗学家眼里的好材料，远未能如古典作品里那样成为人性展开的平台。

就是说,现当代作家笔下的节日未能揭示人的悲欢离合。这一因素加入时代的合唱,使我们活得多么飘忽无根,活得轻盈,但很多人在事后才明白这是"生命中不可承受之轻"。因为被这类线性的观念裹挟,我们很多人曾经想逃离,像断线的风筝一样远离传统。我们甚至一度灭掉了传统节日,近半个世纪前的1971年,美国记者杜丁曾在《纽约时报》发表他到中国的观感,《"除四旧"所改变的中国》:"人们庆祝的唯一一个旧节日是旧历新年,基于阴历的新年。它不叫新年,而被称为春节。庆祝活动也不是传统的五颜六色的那种。人们有假期,但是当时的庆祝活动基本都是政治性质的——政治导向的大型集会、政治戏剧表演、运动会等。1月1日被作为真正的新年庆祝,其他固定的假期除了春节之外还有五一劳动节、十一国庆节。"

我们猜想当时的国人过节是乐观的,对时间之未来怀着期待的。但其实,抛弃或背离传统节日还有悲剧的一面,那种浅薄的乐观、那种过激的变革在传统节日面前终究是难堪的、无意义的。1976年春节期间北京的一场鞭炮就曾引起当时及后世很多人的议论,那是背离传统的人在自导自演或跟从他人的热闹之后,品尝到无助无依的情境。"此树婆娑，生意尽矣！""昔年种柳，依依汉南。今看摇落，凄怆江潭。树犹如此，人何以堪！""危楼还望，叹此意、今古几人曾会。"……我自己和很多年轻人跟《红楼梦》中的贾宝玉一样，深恶痛绝过传统节日的热闹，却也在人性的孤独和飘忽不安中难敌节日的诱惑，其中的心理一言难尽。

时至今日，我个人对传统节日多半接受下来，这大半归功于我的家人、朋友。活在亲友之中，活在节日时间之中，并在传统节日里见识了中国，活出了中国。这是我近年最大的感受之一。在我的经验里，传统节日之所以值得过，远非它是一个商业的、人伦的狂欢，而是因为它仍具有教化的功能，具有惩恶扬善的功能，具有安顿人的功能。那些在冬天让人无家可归的人，那些他说话别人就不能说话的人，那些霸凌孩子的人……他们的灵魂永远在传统节日之外徘徊，并经受时间或鬼神的炼狱之刑。

七

重建个人与节日等中国文化的连接有很多路径，生活本身是一种，读书也是一种。有"北大神童""读书种子"等称呼的李书磊就是在阅读中完成了对中国文化的回归："在结束这一年封闭式阅读的时候，我感到自己终于完成了对中国的归化。"李书磊认为，人不能在流浪的心境中度过一生，他说："我不会拒绝也不会苟同这个由一种异己的文化所带来的时代，我还要对它仔细地观察、体味和思量，我要把大江南北作为一个辽阔的研究田野去测度中国走向新生的可能与道路。我并且深知，在这个过程中最终的是战胜自己身上的卑琐与渺小，做一个堂正的中国的儿子，做一个真正的知识分子。我希望这种当代的文化实践能把我们同司马迁、杜甫、顾炎武们连接起来。"

当代有如此自觉自信的知识人还是少数，绝大部分知识人仍在流浪之中。五四新文化运动以来的知识人多如作家一样，把时间数字化、西方化了，大部分人已经跟传统中国文化隔膜，自然也跟现实隔膜。当然有少数例外，比如鲁迅作品里就有过大量的悼亡，有过对节日的观察。他的名篇《孔乙己》里就有传统节日的元素："自此以后，又长久没有看见孔乙己。到了年关，掌柜取下粉板说：'孔乙己还欠十九个钱呢！'到第二年的端午，又说：'孔乙己还欠十九个钱呢！'到中秋可是没有说，再到年关也没有看见他。"

从节日的角度来看鲁迅的这一段话，可以说是一则寓言，即知识人还欠我中国人"十九个钱"。或者有人问十九意味着什么，熟悉庄子的人，熟悉中国文化的人一定明白，十九是一个时间尺度。"十九年七闰法"可以把日、月的运动很好地协调起来,然后就能制定出精度相当高并与天象符合的历法。而一章等于十九年,四章即七十六年为一蔀,二十蔀即一千五百二十年为一遂……可见知识人还欠中国一章。只有把这一章交还出来,我们中国人才可望获得安慰或能安身立命:与天地合其德,与日月合其明,与四时合其序,与鬼神合其吉凶。

这一章需要很多人来努力。

是为序。

春节

○ 取悦天地的礼乐文明

春节里有着我们文明的消息,
有着它对生命的至上尊重关怀。

在原创性生活方式的现代转化中，没有比春节更能让中国人骄傲的了。我们中国人作为个体或合群生活，在没有突破或对突破的反思里，只是已写好的历史剧本，在文明的眼里已经或正在展开，并非新鲜的创造。我们的吃穿住行，我们的交往方式、治理方式，或迟或早地融入主流文明，跟世界其他民族大同小异，可以沟通。只有春节，这近一个月的时间把握方式，是我们有别于他人的。

讨论春节的现代意义需要长长的篇幅。我们只需要记住，当下中国人仍如先民一样是重视这一节日的。敬灶神，吃年饭，贴春联，放鞭炮，出天方，拜跑年，闹元宵；为了完成这些仪式，我们的游子是如何朝圣般地返乡。古人说，死生亦大矣。经过现代传媒的渲染，过春节俨然有近乎超于生死之上之势，它高于国丧、大于灾难、重于政治经济文化的变迁。上亿的中国人在半个多月内的大迁徙，甘愿领受当代社会的匮乏、污染和盘剥，如信徒朝拜，如浪子回家，以及各类个性化的过年，如农耕时代一样的家族盛宴，炫耀狂欢，都说明了这个文明的绝对律令、集体意识施于我们是如何地有效。

分析当代中国人或华人的春节过法，论证其庞杂，或庄或谐，或敬或虚，并无太大的意义。说到底，春节是我们文明数千年的智慧，它绝对地成就了我们。尽管有过"王正月"一类的政治干扰，但经周秦数百年的正当思考，历代文士儒生们的操作补充，亿兆民众的实践，春节成了中国人仪式内容最为富赡的节日，它有着节日的全部要素，而又高于节日，自成文明。故它在漫长的历史上曾对中国周边国家产生了影响，在东亚地区有着强大的协同能力。

因为春节不仅蕴含着节日的秘密，而且更有着文明的秘密。即无论人类个体在生活的风雨中如何，在一个规定的时限内，他必得返乡。无论文明单位或文明范畴如何大至无限成就广众，在一个特定的时空里，文明个体必须回归基本，他的起点，家人、乡邻、桑梓。就是说，无论他如何无依无助，在春节里，他属于了自己，回到了根本。因此，过春节既是他的权利，也是他的认同，他的身份认同和文化归宿。在这个意义上，春节对穷苦或富贵一视同仁，春秋战国的变乱不用说了，五代十国的罪苦不用说了，春节是优于季候的轮转和人生百年，而温暖着每个人，它让每个人在节日期间驻思于仪,它兴于情,立于礼,成于乐。它检验个人是否充分地个体化,也关怀个人是否充分地社会化。

春节里有着我们文明的消息,有着它对生命的至上尊重关怀。借用古人的说辞,过春节对于个人的重要,虽王公大人、精英、暴发户也不可与之争名,虽文明的物质成就如名车别墅,或文明单位、文明活动空间的扩大如企业、国家、东西洋、国际社会,也不能与之争胜。因为春节的审判复仇是绝对的,春节的自我意识是绝对的。我们知道,当代中国移民——旧称农民工——的薪水也是在春节前由于国务院总理的介入而引起了广泛的关注。这也符合中国人过春节的习惯——欠债还钱,这种绝对的生命道德在年关更添庄严。

历史和现实都告诉我们,过春节没有统一的过法,没有优劣的过法。尽管当代中国人已经视一切文明的传统为自己生活的组成部分,如同经典的意义早已不仅有子曰诗云,也有着《圣经》、佛法、希腊哲思,节日早已不仅有清明中秋,也有着圣诞情人。道术已为天下裂,节日早为人群分,但所有关于时间年节的态度里,没有什么比春节更能表达人生的相关性、文明意识和生命的通感。借用古人的话,春节的美哉奂焉,使人能歌于斯,哭于斯,我国人族人聚精会神于斯。

○初一出门拜年，见面一通寒暄。你好我好他好，再见又得一年。——老树

【春节】

天增岁月人增寿。一元复始。万象更新。普天同庆。爆竹声里一岁除，且把新桃换旧符。除了这些套辞外，我们还知道什么？而这些套话背后更为深厚的人情、物理、信念是什么，也无人提及了。但我知道，中国二、三流的文人戏子们一直想抢答也在抢答这一问题。从元旦到春节，我们一直在技术包装出的喜庆里看着他们现眼。由于有关这一文明传统的洞见阙如及其精神传承之人物的缺席，他们的现眼往往成为中国观众随喜观摩的盛大的节日演出；也因其无根无着，这种现眼往往具有后现代的喜剧性。无论是演员还是观众，中国人的言语和思维只能在平安、祥和、恭喜发财等套路上打转。

那些试图标新立异以示优越的人，那些试图以现代手段建立新神话的人，只不过是在春节的绝对理性面前现眼自身的僭越理性。

从域外春节的过法看，唐人街的闹腾已属传统的尾声，留学生和华人移民的创造也并不多见。不特此也，他们今天甚至多在模仿中国大陆：跟中国大陆的过春节有些流于形式一样，立于礼，他们没有自新之礼；成于乐，他们的乐舞热闹只是对个体的挟持。但这并不是说春节将会式微，过春节是文明的潜意识或华人的集体无意识，它会在个性的创造中壮盛光大。实际上，我们在不少中国人及其家庭那里，可以看到一种弥足珍贵的个性表达。前不久，我在一位前辈家中读到于光远老人的第十八封新春祝词，每到春节，他都要给亲友写信，总结既往，瞻顾明天，我在于老的祝词中感觉到了节日的温暖和春天的律动。我还收到过朋友王康的春节祝词，他以超拔不世之才写下的联语：凛冽高天放肆禽兽荒漠大地孕育灵秀花果飘零冰雪朋俦东君与立旧岁告休新命普降因缘巧遘恭元大喜贺粥米酒浴火喋血高蹈前修纷其内美得天独厚熏然仁爱物我无咎践尝百苦人天共佑爱及于今逝水春秋；一树婆娑冠盖神秀花叶纷披掩映长流大道伊始尘埃其后堂堂君子惟道是求动心忍性忘其美丑化育流行充实宇宙上苍之德无声无臭平地之意曰宽曰厚庄严人生悲赞不休大同世界莫负良由敬斯良辰祝君万寿。有人甚至从公羊学的角度在王康先生的词句里解读出了微言大义，确实，这种春节期间的收获岂是一种言路思路的美感所能涵盖了的？

这些非凡的个性努力是我们过春节的一部分。从这些方面看，那些十数亿人一台晚会的神话，那些寒冬腊月的春运路途，都只是中国人过春节的过渡形式，真正盛大的春节还没有来临。我相信，每一个人在可能的方向创造，既是春节的召唤，也是我们增富春节的前提。这也是我们对自家文明和地球村的服务和贡献。

元宵

○ 年岁劳作前的欢聚

在元宵节日里,只有超越性的参与,才能将景观化为与节日同辉的力量,感染一代又一代人。

一

儿时过节，元宵节是最不可思议的节日之一。除夕守岁、正月拜年、走亲戚，热闹渐渐消散，就到了正月十五。亲戚们又来了，我们也又要走亲戚了。满桌子的鸡鸭鱼肉又备齐了……这是元宵节在我心里的经典意象。这个节日跟春节相连得如此近，实在是我难以理解的。当然，漏掉的意象还是有的，如父母过此节总会重复一遍，正月十五闹元宵。除了吃元宵，乡村里的热闹就是看跑船、看花灯、踩高跷、舞狮子、扭秧歌，但这类活动非民间自发，而是乡村一级的组织，印象中是到村里慰问军属、烈属等，到其家门前敲锣打鼓表演一下就去下一家下一村了。

后来读书、进城，过元宵节就更流于形式了。虽然耳闻目睹，知道元宵节有很多热闹，各种口味的元宵、庙会、花灯、文艺会演等，知道元宵节相当于情人节、狂欢节等，每年的元宵节也确实越来越繁华，但对移民时代初期的漂泊一族来说,元宵节的热闹总显得不够切己,难以让人心安。

按社会学家们的观察,我们中国社会的历史转型,要经历从熟人社会走出来,体验陌生人社会,再向熟人社会回归的过程。这个过程相当复杂,传统的安土重迁的生活方式被打破了,移民移居生活成为常态,从乡村移居城市,从东北移居海南,从二、三线移居大都市,从内地移居东南沿海,从中国大陆移居欧美……漂移是我们国民个体的重要心态之一。尽管追求"现世安稳"一度成为祝福语,但人心难安。曾经读20世纪三四十年代的大学生日记,在那样一个动荡的岁月里,他们仍有余兴过元宵节,参与猜灯谜抽奖,跟意中人表白……今昔相比,我们今人实在少了一份从容。于是,传统社会"岁月静好"中骤然暴起的狂欢、热烈节日反而难以激起漂泊者的参与。"热闹是他们的,我什么也没有。"

有意思的是,乡村过元宵节近乎春节过年大周期的休止符。民谚说:"吃了元宵肉,各人找门路。"正月十五之前都是年,故乡村人在正月十五前是绝不会干农活儿的。这跟现代打工者不同,打工者过了初四初五就要考虑上班工作了。至于到了元宵节当然也会过节,但确实少有一份身在其中的心思了。相比较而言,元宵节仍是孩子们的、学生们

○ 正月要走亲戚，带着一篮礼物。见面又吃又喝，然后还得赶路。——老树

【元宵】

的、老人们的。

二

有关元宵节的由来，版本较多。相传，汉文帝为庆祝戡平诸吕之乱，每逢正月十五之夜，必出宫游玩，与民同乐。宵即有夜的意思，正月又称元月，汉文帝就将正月十五定为元宵节，这一夜就叫元宵。元宵从一个特定日子，内涵不断扩大，包括食物名字。

元宵节跟佛道也有连接。据说元宵燃灯的习俗跟道教相关，起源于道教的"三元说"。正月十五日为上元节，七月十五日为中元节，十月十五日为下元节。主管上、中、下三元的分别为天、地、水三官，天官喜乐，故上元节要燃灯。据记载，元宵赏灯的习俗也与佛教有关，东汉明帝提倡佛教，听说佛教有正月十五日僧人观佛舍利、点灯敬佛的做法，就命令这一天夜晚在皇宫和寺庙里点灯敬佛，令士族庶民都挂灯，逐渐形成了元宵赏灯的传统。

无论如何，元宵节自汉代开始不断扩充内容。就节日长短来说，元宵节在汉代才一天，到唐代已为三天，宋代则长达五天，明代更是自初八点灯，一直到正月十七的夜里才落灯，清代又增加了舞龙、舞狮、跑旱船、踩高跷、扭秧歌等"百戏"内容。

除了汉文帝（命名元宵节的人）、汉明帝（赏花灯的创始人）这两位与元宵节相关联的古代名人外，还有很多人的言行事迹值得一说。汉武帝也与元宵节有关系，据说在东方朔的建议下，汉武帝成为正月十五祭天神的倡导者。东方朔冬天在皇宫中遇到一位名叫元宵的宫女，听其悲惨身世后，决定设计让元宵与家人团聚。为此，东方朔在长安城制造流言，让百姓们对正月十五前后长安会发生大火一事深信不疑，"长安在劫，火焚帝阙，十五天火，焰红宵夜"。汉武帝问东方朔解决之道，东方朔认为，火神君最爱吃汤圆，宫女元宵做的汤圆好吃，不如让元宵做好汤圆，皇帝焚香上供，同时，令京城家家做汤圆，一齐敬奉火神；再令长安城十五晚上挂灯，满城点鞭炮、放烟火，就像满城都是大火，这样就可以瞒过天神了。……故事的最后是，元宵跟家人团聚，人们从此也把汤圆叫作元宵。当然，这个故事应该是后人编造的，因为汤圆（又称浮元子）在宋朝才出现。不过，很多人对这一故事也深信不疑，把多智、幽默的东方朔当作"成全元宵姑娘，元宵节里最浪漫的人"。

元宵节有"团圆美满"之义。隋朝军队灭南陈时，南陈的乐昌公主与丈夫徐德言打破一面铜镜,各执一半,作为以后相见的凭证。他们还约定在正月十五元宵节卖镜于市,以探对方消息。乐昌公主后来被皇帝赐给了杨素,杨素对乐昌极为宠爱。元宵节时,徐德言在街市上看到有人叫卖那熟悉的半片铜镜,因价高无人理睬。徐德言就在破镜上题诗:"镜与人俱去,镜归人不归。无复嫦娥影,空留明月辉。"杨素得知此事之后,深受感动,徐德言、乐昌公主二人终于得以团圆。这便是"破镜重圆"的典故。杨素也成为"成人之美者"。

宋代的贾似道镇守两淮,有一年元宵节,他的门客中有人摘唐人诗句作门灯联:"天下三分明月夜;扬州十里小红楼。"贾似道由此成了"第一个制作灯联的人"。有关元宵节对联的故事也多传奇,据说有一年王安石进京赶考,在路上过元宵节,见有人家门前高悬走马灯出对招亲:"走马灯,灯走马,灯熄马停步。"王安石一时没有对出,记在心里。到了京城,考官出联测试王安石:"飞虎旗,旗飞虎,旗卷虎藏身。"王安石即以招亲联应对,被取为进士。返乡路上,听说招亲联仍无人对出,便以考官的出联回对,被招为快婿。如此巧合,成就了王安石"金榜题名"和"洞房花烛"两大喜事。

宋代的文学家陆游还记录了一个与元宵节有关的故事。田登作郡,自讳其名,触者必怒,吏卒多被榜笞,于是举州皆谓灯为"火"。上元放灯,许人入州治游观,吏人遂书榜揭于市曰:"本州依例放火三日。"这就是"只许州官放火,不许百姓点灯"的由来。

元宵节不仅有闹剧,也有惨剧。有一年南京人出灯谜,有一个巷子的人出了一个画谜,画上画着一个赤脚妇人抱着一个西瓜,谜目要求猜当地一句俗语。结果被人猜破,谜底是"淮西妇人好大脚"。这是南京人讥笑当时安徽女人的一句俗语。微服私访与民同乐的朱元璋大为恼火,以为是暗讥皇后马氏。因为马皇后就是淮西人,并且有着一双特大脚。于是朱元璋第二天就派兵把这条巷子里的人都杀光了。这让朱元璋成了"狂杀一条街,元宵节里最凶残的皇帝"。

袁世凯复辟时,听到卖元宵的人拉长了嗓子喊"元——宵",觉得"元宵"两字谐音"袁消",有袁世凯被消灭之嫌,就在1913年元宵节前,下令禁止称"元宵",只能称"汤圆"或"粉果"。后来又想,"汤圆"——"汤袁",不成了"汤煮袁世凯"吗?于是再次下旨,全国将"汤圆"改称"汤团"。当时的歌谣:大总统,洪宪年,"元宵"改名称"汤圆";明年元宵后,谁还叫"汤团"?后来有人还作了一首打油诗:"诗吟圆子溯前朝,蒸化煮时水上漂。洪宪当年使禁令,沿街不许喊元宵。"袁世凯利用权力把自己跟元宵节做了连接。

三

当然,元宵节少不了诗人的参与。

写欢乐节日气氛的可以举出唐代崔液的《上元夜》六首其一:

> 玉漏铜壶且莫催,铁关金锁彻明开。
> 谁家见月能闲坐,何处闻灯不看来。

写元宵热闹的可以举出苏味道的《正月十五夜》:

> 火树银花合,星桥铁锁开。
> 暗尘随马去,明月逐人来。
> 游伎皆秾李,行歌尽落梅。
> 金吾不禁夜,玉漏莫相催。

写物是人非的可以举出宋代欧阳修的《生查子·元夕》:

去年元夜时，花市灯如昼。月上柳梢头，人约黄昏后。
　　今年元夜时，月与灯依旧。不见去年人，泪湿春衫袖。

写痴情的可以举出辛弃疾的《青玉案·元夕》：

　　东风夜放花千树，更吹落，星如雨。宝马雕车香满路，凤箫声动，玉壶光转，一夜鱼龙舞。
　　蛾儿雪柳黄金缕，笑语盈盈暗香去。众里寻他千百度，蓦然回首，那人却在，灯火阑珊处。

写盛世繁华的可以举出金代元好问的《京都元夕》：

　　袨服华妆着处逢，六街灯火闹儿童。
　　长衫我亦何为者，也在游人笑语中。

写青春气息的可以举出明代唐寅的《元宵》：

　　有灯无月不娱人，有月无灯不算春。
　　春到人间人似玉，灯烧月下月如银。
　　满街珠翠游村女，沸地笙歌赛社神。

不展芳尊开口笑，如何消得此良辰。

四

但诗歌无论如何表达，难以写尽节日的繁华。当代人曾注意到欧美文化中有狂欢节，反观我们文化中似乎缺少狂欢精神、酒神精神。其实元宵节多少弥补了这一遗憾，元宵节的热闹众所周知，其中的浪漫、诗兴、热烈与西方人的狂欢有同有异，我国人在热烈狂欢中更有风流蕴藉、温柔敦厚的底色。

元宵节在唐宋时期形成习俗，在明清时期走入辉煌。自元末明初到清乾隆年间，五百年中涌现出的集文化大成的小说，如《金瓶梅》《水浒传》《西游记》《三国演义》和《红楼梦》中，都有对元宵节的描写。这些描写可以让我们想见古人是如何参与创造出似锦繁华的节日的。

《金瓶梅》中的元宵节活动有不少，第十五回《佳人笑赏玩灯楼　狎客帮嫖丽春院》，第二十四回《敬济元夜戏娇姿　惠祥怒詈来旺妇》，第四十二回《逞豪华门前放烟火　赏元宵楼上醉花灯》，第七十九回《西门庆贪欲丧命　吴月娘失偶生儿》都有描写。第二十四回写西门庆一家人在元宵节饮酒取乐,其后陈敬济率领潘金莲、李瓶儿、孟玉楼、宋惠莲一行人上街"走百病"。第四十二回是西门庆势力最盛之时,西门庆让人在狮子街街心放烟火,吸引观者无数,烟火绚烂华丽,然而作者暗示说,"总然费却万般心,只落得火灭烟消成煨烬"。第七十九回写西门庆在元宵节后暴亡,西门庆家庭即将走向"树倒猢狲散"。可以说,对元宵节的描写贯穿于全书,从第一次描写元宵时西门庆的发迹,到第四次描写元宵节时西门庆的暴亡,可以看出元宵节的意义相当重要。

《水浒传》中描写了三个发生在元宵节的故事。第三十三回《宋江夜看小鳌山 花荣大闹清风寨》,第六十六回《时迁火烧翠云楼 吴用智取大名府》,第七十二回《柴进簪花入禁院 李逵元夜闹东京》,书中的元宵节既热闹又跟打打杀杀有关。用现在的话语来说,就是在节假日里有恐怖事件发生。"如花仕女,人丛中金坠玉崩;玩景佳人,片时间星飞云散。瓦砾藏埋金万斛,楼台变作祝融墟。可惜千年歌舞地,翻成一片战争场。"

跟《水浒传》中元宵节的热闹和打打杀杀的恐怖不同,《三国演义》中的元宵节是悲惨的。第六十九回《卜周易管辂知机 讨汉贼五臣死节》,耿纪、韦晃、金祎和吉邈、吉穆等五人计划在许都正月十五庆赏元宵佳节之际起兵讨伐曹操。那一天,"天色晴霁,星月交辉,六街三市,竞放花灯。真个金吾不禁,玉漏无催!"城内四下火起,烧着五凤楼,皇帝避于深宫。曹氏心腹爪牙,死据宫门。城中但闻人叫:"杀尽曹贼,以扶汉室!"但五人势孤力单,不是被曹军擒获,就是死于乱军之中,他们的宗族老小,也被曹操命人皆斩于市。不仅如此,曹操还在漳河水边斩杀三百多名官员。元宵之夜,许都城中尸横如山,血流成河。

《西游记》中则写了天竺国的元宵节,第九十一回《金平府元夜观灯　玄英洞唐僧供状》:十五元宵之夜,唐僧师徒四人进城观看灯会,这场元宵灯会,让唐僧又经历一场劫难,青龙山玄英洞的三个妖精化作一阵清风将唐僧摄到洞中。后来,孙悟空、猪八戒和沙和尚与三个妖精进行了数场大战,并搬来二十八宿中的四木禽星前来助战,才救出唐僧,师徒四人得以继续往西天取经。

《红楼梦》中的第一回《甄士隐梦幻识通灵　贾雨村风尘怀闺秀》中提到的"社火花灯"以及"看那过会的热闹"都是指元宵节的活动。第十八回《皇恩重元妃省父母　天伦乐宝玉呈才藻》,第五十三回《宁国府除夕祭宗祠　荣国府元宵开夜宴》,第五十四回《史太君破陈腐旧套　王熙凤效戏彩斑衣》，都对元宵节进行了浓墨重彩的描写。

这些文学著作都写到了花灯，如《金瓶梅》中的花灯："但见：山石穿双龙戏水，云霞映独鹤朝天。金屏灯、玉楼灯，见一片珠玑；荷花灯、芙蓉灯，散千围锦绣。绣球灯，皎皎洁洁，雪花灯，拂拂纷纷。秀才灯，揖让进止，存孔孟之遗风；媳妇灯，容德温柔，效孟姜之节操。和尚灯，月明与柳翠相连；通判灯，钟馗共小妹并坐。师婆灯，挥羽扇，假降邪神；刘海灯，背金蟾戏吞至宝。骆驼灯、青狮灯，驮无价之奇珍，咆咆哮哮；猿猴灯、白象灯，进连城之秘宝，顽顽耍耍。七手八脚螃蟹灯，倒戏清波，巨大口髯鲇鱼灯，平吞绿藻。银蛾斗彩，雪柳争辉。双双随绣带香球，缕缕拂华幡翠幰。鱼龙沙戏，七真五老献丹书；吊挂流苏，九夷八蛮来进宝。村里社鼓，队队喧阗；百戏货郎，桩桩斗巧。转灯儿一来一往，吊灯儿或仰或垂。琉璃瓶映美女奇花，云母障并瀛州阆苑。王孙争看小栏下，蹴鞠齐云；仕女相携高楼上，娇娆炫色。卦肆云集，相幕星罗：讲新春造化如何，定一世荣枯有准。又有那站高坡打谈的，词曲杨恭；到看这扇响钹游脚僧，演说三藏。卖元宵的高堆果馅，粘梅花的齐插枯枝。剪春娥，鬓边斜插闹东风；祷凉钗，头上飞金光耀日。围屏画石崇之锦帐，珠帘绘梅月之双清。虽然览不尽鳌山景，也应丰登快活年。"

《西游记》里的花灯："三五良宵节，上元春色和。花灯悬闹市，齐唱太平歌。又见那六街三市灯亮，半空一鉴初升。那月如冯夷推上烂银盘，这灯似仙女织成铺地锦。灯映月，增一倍光辉；月照灯，添十分灿烂。观不尽铁锁星桥，看不了灯花火树。雪花灯、梅花灯，春冰剪碎；绣屏灯、画屏灯，五彩攒成。核桃灯、荷花灯，灯楼高挂；青狮灯、白象灯，灯架高擎。虾儿灯、鳖儿灯，棚前高弄；羊儿灯、兔儿灯，檐下精神。鹰儿灯、凤儿灯，相连相并；虎儿灯、马儿灯，同走同行。仙鹤灯、白鹿灯，寿星骑坐；金鱼灯、长鲸灯，李白高乘。鳌山灯，神仙聚会；走马灯，武将交锋。万千家灯火楼台，十数里云烟世界。那壁厢，索琅琅玉鞘飞来；这壁厢，毂辘辘香车辇过。看那红妆楼上，倚着栏，隔着帘，并着肩，携着手，双双美女贪欢；绿水桥边，闹吵吵，锦簇簇，醉醺醺，笑呵呵，对对游人戏彩。满城中箫鼓喧哗，彻夜里笙歌不断。"

这些作品中也提到了元宵节的其他习俗，如"走百病""看过会""看社火"等。其中多有对市井生活的白描，如《金瓶梅》中人们过元宵节的饮酒、听人唱曲、淫乐调情。"李娇儿、孟玉楼、潘金莲都是白绫袄儿，蓝缎裙。李娇儿是沉香色遍地金比甲，孟玉楼是绿遍地金比甲，潘金莲是大红遍地金比甲，头上珠翠堆盈，凤钗半卸"，潘金莲

"把嗑的瓜子皮儿都吐落在人身上，和玉楼两个嘻笑不止"。她们的美艳和调笑，也引得街上的几个浮浪子弟，直指着谈论。一个说道："一定是那公侯府里出来的宅眷。"一个又猜："是贵戚王孙家艳妾，来此看灯。不然如何内家妆束？"又一个说道："莫不是院中小娘儿？是那大人家叫来这里看灯弹唱。"

同时，这些作品中也写下了对盛时不再的追忆和感叹。《金瓶梅》不用说了，《水浒传》和《三国演义》中既有对盛世的抗议，又有对乱世来临的预告，而《红楼梦》中元宵节的描写，尤其寓意深刻，在五十四回中，凤姐为了讨好贾母，在元宵的酒宴上一连说了两个"过正月半"的笑话，说完笑话，凤姐说："咱们也该'聋子放炮仗——散了罢'。"这与第一回癞头僧所念"好防佳节元宵后，便是烟消火灭时"前后呼应。贾府由"烈火烹油，鲜花着锦"般的盛世，走向"忽喇喇似大厦倾，昏惨惨似灯将尽"的衰败。

五

由上述可见，人心希望热闹、团圆、狂欢，尽管元宵节里会有恐怖事件、杀戮、战争，但我们的古人仍把这一节日过得庄重、热烈，他们过元宵节有今人未必理解的在世感。

而通过曹雪芹等伟大作家的总结，我们的文化也从节日中获得了极高明而中庸的教益。是的，千里搭长棚，没有不散的筵席。最繁华、最热闹的时刻和场面总伴随着不祥和悲哀，欢乐之后总是深深的落寞与不安。但我们人类在人生百年中，仍会年复一年地、一代一代地努力，搭起长棚，创造出繁华、欢乐来。

跟除夕、春节等与家人团聚的节日不同，元宵节的社会性是非常明显的，很多传统节日是关门阖家团聚，元宵节则是走出来参与社区活动，投入其中，猜灯谜，逛庙会，男女不禁。在与亲友、乡亲、街坊欢度元宵节时，我们都是这一节日里的主角。但在人生社会的节庆里，我们又都是节日借以书写的文本道具。只要有人存在，节日的庆典就会延续下去。因此，重温元宵节的历史典故，使我们更能理解当世存在的高度和限制。

西门大官人的焰火也好，贾府大观园的豪华也罢，都只是节日展开的道具，它们终将烟消云散。而欧阳修、辛弃疾、曹雪芹们的文字与世长存。在元宵节日里，只有超越性的参与，才能将景观化为与节日同辉的力量，感染一代又一代人，致广大而尽精微。因为节日及其超越者不会毁灭，毁灭的只是各类不自觉的道具。我们中国文化讲文化，化民成俗，以文化之，元宵节可算是一个典型。

正月十五的元宵节，多在阳历2月中下旬，按大时间序列，2月中旬为贲卦时空。这是男欢女爱的时空，是愤怒奋发人心飞扬的时空，是装饰的时空，这一切多跟元宵节的习俗丝丝相关。"山下有火，贲。"先哲曾给贲卦时空系辞说："刚柔交错，天文也。文明以止，人文也。观乎天文以察时变，观乎人文以化成天下。"这也极为精准地概括了元宵节的意义。

上巳

○情欲萌动的媒介

中春之月,令会男女,于是时也,奔者不禁。

一

"情人"这一词语进入当代社会是相当晚的事,大概只有三十来年的历史。三十多年前的20世纪80年代,"革命词汇"仍盛行且有至尊地位,"同志"一词几乎可以称呼一切人际关系:父亲同志、妈妈同志、爱人同志等。虽然"先生""师傅"也悄悄进入人们的口头,但妻子、太太、老公、老婆等称呼还没能进入夫妻间的表达,"情人"一词更是面红耳赤地听过,不敢运用。想象起来也觉得这个词属于暧昧、下流、"资产阶级趣味""精神污染"一类的范畴。

但"情人"一词还是不可阻挡地进入我们汉语世界,当爱情婚姻追求纯粹情感时,"情人"一词又成为很多人梦想而遗憾的理想存在。在我们的想象里,只有西方人,以及少数民族,他们的情感之理想、纯粹、炽烈,得到了充分的表达和实现。而我们汉族人的心灵和情感世界是少有或不曾得到释放、宣泄和表达的。这一缺失到了近年来才有了改变,不仅少数民族纷纷过起了本民族本地区的情人节，就是中原内地，也开始从传统文化和外来文化中寻找情人节的元素。正月十五元宵节、2月14日西方的瓦伦蒂诺情人节、农历三月三上巳节、端午节、七夕、10月14日西方的蓝色情人节、双十一的"血拼节"、平安夜和圣诞节等等，都成为我们年轻男女们欢庆的节日。

但跟一直传承下来的情人节相比，我们汉语世界今天的情人节缺少符号、仪式。如果要考察我们传统的节日，大概仲春（春分期间）的祭祀高禖习俗，以及三月三日上巳节的内容可以作为今天情人们的参考。

什么是高禖？这是中国的爱神、婚姻之神。禖、媒在先秦的经典中出现的频率很高，可以说，保媒拉纤是一个古老的行当。即使在今天的网络时代，男女约会仍需要中介平台，需要好的媒介。三代多仁政，故对男女之事也非常关心，政府有专门的机构和官员来解决社会上的孤男寡女或大龄青年问题。其"媒氏"的职责或权力就是在春分期间让大家相亲过节，实现男欢女爱。"中春之月，令会男女，于是时也，奔者不禁。若无故而不用令者，罚之。司男女之无夫家者而会之。凡嫁子娶妻，入币纯帛，无过五两。"典籍明确记载国家大典在春分日举行："是月也，玄鸟至。至之日，以太牢祀于高禖，天子亲往，后妃帅九嫔御。乃礼天子所御，带以弓韣，授以弓矢，于高禖之前。"

一直到后来，历代政府、学者和官员们仍记得这样一个有关男女幸福的节日。汉武帝时给了爱神很高的待遇，"常以仲春之月，立高禖祠于城南，祀以特牲"。晋代时民众给予了爱神一个新称呼，"洛阳犹有高禖坛，百姓祠其旁，或谓之落星"。北齐时代，"每岁春分玄鸟至之日，皇帝亲帅六宫，祀青帝于坛，以太皞配，而祀高禖之神以祈子"。隋代时，"隋制亦以玄鸟至之日，祀高禖于南郊坛，牲用太牢一"。唐代时，"唐亦以仲春元鸟至之日，以太牢祀于高禖，天子亲往"。宋代时，"春分祀高禖、青帝，以帝伏羲氏、高辛氏配，简狄、姜嫄从祀"。

可见，每年春分时历代政府都要关注男女爱情和婚姻大事，我们说，这也是一种计划生育。只不过，在古人心中，计划生育重在多生多养，一个家族的子孙、一个朝代的人口，多多益善，都是财富、安全。只有人口众多，才称得上繁荣昌盛。

二

为什么在春分日期间让男女情人相亲约会？西方学者运用中国的阴阳理论认为，春分这一天是一年当中阴阳第一次达到势均力敌的时候，这一天对于人类的性生活极其重要。至于燕子，也是生育繁衍的象征。当然，熟知我们历史的人都知道，"天命玄鸟，降而生商"。据说帝喾的妃子简狄一直没能生子，有一天她去祭祀高禖，意外地捡到一枚燕子卵吃了，就神奇地怀孕了，她生的孩子叫契，后来成为商朝的始祖。另一个对中国历史有大影响的朝代——周代，其祖先后稷的母亲也是祭祀高禖时怀孕的。

如果说春分期间的高禖祭祀、男女不禁的命令还有国家色彩的话，那么几乎随后不久的上巳节就是热闹的社会活动了。上巳节，俗称三月三，是一个纪念黄帝的节日。相传三月三是黄帝的诞辰，中原地区有"二月二，龙抬头；三月三，生轩辕"的说法。传统的上巳节在农历三月的第一个巳日，后来改为三月三，沿袭下来，成为人们水边饮宴、郊外游春的节日。农历的三月三一般在公历4月初的清明节气前后。

如果说春分时还春寒料峭的话，那么清明前后就春暖花开，可以到河边水中嬉玩了。《诗经·溱洧》就记录了良辰美景中的艳遇："溱与洧，浏其清矣。士与女，殷其盈兮。女曰：'观乎？'士曰：'既且。''且往观乎！'"河水那么清澈，青年男女们像赶集一样，享受着春天，享受着青春的美好。在游人如织的人群中，一个姑娘一眼看到了他，心里一动，抛出一句话："哎，去那边看看好吗？"他傻傻地回答："已经去过了。"她调皮地说："那就再去看看呗！"

诗经时代的青年男女在政府和社会的鼓励下是大胆的，在情人节过河，多需要异性的安慰啊。"子惠思我，褰裳涉洧。子不我思，岂无他士？狂童之狂也且！"你若爱我想念我，赶快提衣过洧河。你若不再想念我，岂无别的少年哥？你真是个傻哥哥！

诗经时代的青年男女多喜欢兰花、芍药一类的花卉。"士与女，方秉蕳兮。"《左传》中记载，郑国国君的妃子梦见神仙赠给她一朵兰花，许诺她会有"国香"之子，果然她梦醒后得到国君的宠爱，得到兰花，生下孩子，取名为兰。"维士与女，伊其相谑，赠之以勺药。"芍药花开时已是春末，又被称为"殿春"，是春天最后一点亮色，所以特别惹人疼惜。芍药也因情人之间的赠予而被看作多情的象征。

【上巳】

古时上巳时节,
郊野曲水流觞。
风雅寻常之事,
拾得清词千行。
今日又逢上巳,
写字楼里穷忙。
活得真是粗陋,
辜负多少春光。

——老树

由此可见上古春天男女的欢乐，那个时代的青年男女不会抑郁。三月三的上巳节堪称中国人的"情人节"，直到今天，壮族、侗族、苗族、黎族等民族仍以三月三为情人节。

三

女孩爱美，所以最先应和春天的气息，想方设法打扮自己，让自己健康、干净、水灵。少女们"上巳春嬉"，临水而行，在水边游玩采兰。故杜甫《丽人行》诗说："三月三日天气新，长安水边多丽人。"三月三还是中国的"女儿节"，是少女的成人礼。日本的女儿节也在这一天，不同的是，日本人叫"雏祭""桃花节"，日本人的这一节日不是给青春少女过的，而是给几岁的小女孩儿过的。

由此带来的一个发现是，春天到河边经水洗礼是可以除去不洁不祥、强身健体的。芍药、兰花、桃花都被赋予了这类意义。楚国的诗人就唱过"浴兰汤兮沐芳"。韩非子也讲过一个故事，说有一个人看到妻子的情人，那人装作鬼怪，吓得他以为自己精神失常。别人建议他用兰草洗浴，可以恢复正常。

上巳日沐浴因此有清洁、强身、招魂续魄的功能。《周礼·春官·女巫》:"女巫掌岁时祓除衅浴。"郑玄注:"岁时祓除,如今三月上巳,如水上之类;衅浴,谓以香薰草药沐浴。"《后汉书·礼仪上》:"是月上巳,官民皆洁于东流水上,曰洗濯祓除,去宿垢疢,为大洁。"《后汉书·周举传》:"六年三月上巳日,商大会宾客,宴于洛水。"可见在这个日子里,人们要结伴去水边沐浴,称为"祓禊",所谓"禊",即"洁",故"祓禊"就是通过自洁而消弭致病因素的仪式。

当然,这种习俗仍只是美好的愿望,不是事实。有一年上巳节,汉代的开国皇后吕雉到灞水祓禊,回宫的路上被狗咬了,不久之后就去世了。有一年,东汉的将军梁商过上巳节,纵情享受,最后听到一支歌,大家都伤感得哭了。有人预言梁商的厄运来了。果然,梁商在秋天就去世了。

即使如此,人们仍在上巳节期间到水边聚会,由此形成文士雅集的传统。后来,在清洁自身、郊外春游踏青、男女欢爱等习俗的基础上又增加了祭祀宴饮、曲水流觞等内容。魏晋以后,该节日改到三月初三,故又称重三或三月三。书圣王羲之也因实写当时的情景而心情与宇宙大化相融,写成了极富哲理的千古名文《兰亭集序》,更无意中写成了"天下第一行书":"永和九年,岁在癸丑,暮春之初,会于会稽山阴之兰亭，修禊事也……"

但到唐宋以后，上巳节并入清明节，丰富的习俗衰微了。在中国西南地区的一些少数民族地区，三月三仍是一个隆重而盛大的节日，从云南西双版纳每年的泼水节活动中，还可看到古时上巳节祓禊之俗的影子。

汉代学者应劭曾对上巳节做过研究，他认为，这种活动远在殷周时就已经形成，政府还专门设置女巫之职进行主持，因为此时正当季节交换，阴气尚未褪尽而阳气"蠢蠢摇动"，人容易患病，所以应到水边洗涤一番。为什么要选在巳日呢？应劭解释说："巳者，祉也。"既除掉致病因素，又祈求福祉降临。现代学者也认为这一节俗中有卫生保健的合理性。直到今天，一些中国乡村的老人问候人时，仍会问："最近清洁吗？""他还清不清洁？"可见，中国人曾对清洁有过相当的注意，以至于今天激愤的年轻考古工作者在上古贤人许由的墓前沉思，为"清洁的精神"致意，甚至说："所谓古代，就是洁与耻尚没有沦灭的时代。""那是神话般的、唯洁为首的年代。洁，几乎是处在极致，超越界限，不近人情。"

总之，上巳节虽有招魂等功能，但更是狂欢的、爱情的,是属于青年男女的。只是唐宋以来,它的节日功能被分担,它的主角地位被弱化。在汉民族的习俗里,它已经被清明节兼并了。我们的历史这样一路走来,当时并不觉得有什么特别。但在外人眼里,这一历史证实,随着新儒教的兴起,尊长之风日盛,慎终追远的情怀压倒一切,年轻男女们的声音越来越微弱了。像上巳节这样的节日,也就随之萧条了。

四

这个节日的消失几乎导致爱情从中国文化中消失。尽管中国文学中不乏优美的爱情文字,但就是老夫子钱穆、唐君毅等人都看出来那不是男女之情,而是"婚后或情定后之生离死别之情"。

钱穆感慨:"中国人则不尚男女之爱,而特重夫妇之爱。由夫妇乃有家庭,有父母子女,由此再推及于宗族、亲戚、邻里、乡党,而又推之全社会,全人类,皆本此一心之爱。此爱在己,但不轻易发之。故未成年人,则戒其言爱。必由父母之命,媒妁之言,慎重选择。……西方文学最喜言男女恋爱,中国文学则多言夫妇之爱……"

唐君毅说："然在中国，则婚前之恋爱已不尚追求，不将所爱者过度理想化、神圣化，而推之高远。中国人言恋爱，尤重婚后之爱。故中国诗文之表男女之情者，皆重婉约蕴藉，即在古代有自由恋爱之时，其异性之相求，亦非一往向上追求，乃宛转以起相思。"

唐君毅先生认为，抑中国爱情文学之好者，实非述男女相求之情，而是述婚后或情定后之生离死别之情者。西方文人重爱情不重结婚，而中国儒者则以君子之道，造端乎夫妇，"燕尔新婚，如兄如弟"，"妻子好合，如鼓琴瑟"，结婚乃真爱情之开始。《西厢记》，中国爱情文学之巨擘也，然其前段述张生之见莺莺而求之之事，多可笑。见彼美而"魂灵飞在半天"，销魂而魂无着处，又非解脱，不如西方诗人之见女性而销魂，如魂着于神，使人精神上升也。然酬简以后，已同夫妇，而《西厢》之最好者，则在酬简后之别宴与惊梦。其中所表现之男女间之爱情，则至深挚而可感矣。

文学史家承认，在传统文化中，唯一跟西方爱情相近的、唯一歌颂爱情的作品，就是曹雪芹的《红楼梦》。只有宝黛的爱情中有独立的人格，有人的自觉。

即使在今天，爱情仍是我们社会稀罕的事物。木心说，爱情像是一门失传已久的学问。这门学问在中国人的语境里，听说过，没见过；想象过，没遇到过。据说"知乎"上对真正的爱的回答，万人盛赞的一句话是"好像突然有了软肋，也突然有了铠甲"。但来自媒体人的报道是，我们的男女对异性的要求仍是唯物主义的，据说百分之六十五的男人认为"女神"应该是会做饭、主动的，先暖了胃，再暖了心；而比例更大的相亲女士对男士的要求是明示资产，女孩子的名言之一即是，"宁愿在宝马车里哭，也不愿在自行车后座笑"。

社日

○ 社会之始的认同和欢乐

我们有我们的村社，我们每一个村民，无论男女老幼，也有活着的追求、价值和归宿。

一

关于语言文字的考古不仅有知识趣味,还能使我们以历史的眼光面对当世生活的很多原则。我们常常说"生活在新社会""社会给了我们保障"一类的话,但对什么是社会,多语焉不详。西哲曾有知识考古一类的学问,并有"必须保卫社会"一类的论著。事实上,社会在东西方有不同的起源,西方人更多地把社会跟权力、国家等关系和组织形式进行连接,我们的社会则是在个人跟土地等生产生活资料缔结关系时形成的群体状态。

会,聚合也。社,左示右土,土地神也,祭祀土地神的地方、日子和祭礼活动都称为社。考察"社会"这一词语的起源,可以让我们想象出原初先民的生活,返璞归真,在以血缘、部落为单位面对山川大地进行生产劳作时,他们走到一起的理由是什么?春天来了,那么,大家都来祭拜土地吧。我们祈求土地,土地就会给我们食物供养我们。"地能生养至极""万物资地而生",人们年复一年地聚在一起,相对固定的地点就成了聚会之所,这个相对固定的地点一般是高坛或山丘,这个坛就称为"社坛"。跟谷物的代称"稷"一起称为"社稷坛"。江山社稷意味着自己和部族乃至国家在天地之间暂时拥有生活宜居的国土。在社坛栽上树作为标志,这个地标式的树一年年长大,其神秘、神性、神奇等意义开始显现。这样的树也就称为社,有这样大树的地方是值得恭敬的。"社稷所以有树何?尊而识之,使民人望见师敬之,又所以表功也。"

先民们组建村落、建立乡邦,乃至成家立国,都会想到先把社建起来。社的象征,就是一棵树或几棵树或一片丛林。《墨子·明鬼》:"昔者虞夏商周,三代之圣王,其始建国营都日……必择木之修茂者,立以为丛社……"故土、故乡、故国,不仅指房屋建筑,更指有社树的高大乔木,在千百年的生活中,乔木就是故国的代称。

直到今天,在汉民族内地的乡村,凡见村中有百年老树者,就能猜想到这个村历史之久远,能够猜想到村民的风习礼俗并未丢失多少。在西南地区少数民族的村寨,几乎村村都有社树,那是村民聚会、联谊、生命价值有所寄托的地方。社树有讲究,"大社惟松,东社惟柏,南社惟梓,西社

○ 江河已经破冰，大地开始苏醒。准备下地干活，怀揣一片春情。——老树

【社日】

惟栗，北社惟槐"。直到春秋战国时代，孟子才在乔木之外增添了人的因素。所谓故国者，非谓有乔木之谓也，有世臣之谓也。

由村落、部落开始的社，其社神、社树、祭祀等含义不断丰富，并向多维、高维层面拓展。显然，到社里聚会不仅仅是祭拜土地神，祈雨祈农祈求风调雨顺，还要祭天，测天，计算日影光景，社因此是一个极其神圣的场所。长期祭祀使人们对社尊敬有加，社的神性乃至权威权力由此产生。《礼记·郊特牲》云："社祭土而主阴气也，……社所以神地之道也。"人们崇拜土地，有土斯有财。以至于先民一度用血祭土地，《周礼·大宗伯》："以血祭祭社稷、五祀、五岳。""以血滴于地，如郁鬯之灌地也……以牲血下降而祭地。"有时甚至用活人："自言能治田土，不能治田土者，杀其身以衅其社。"

神性乃至权力一旦发生效用，社会与个体之间的关系就丰富复杂化了。社走向了普遍化和等级化。《礼记》云："王为群姓立社，曰大社，王自为立社，曰王社。诸侯为百姓立社，曰国社，诸侯自为立社，曰侯社。大夫以下，成群立社，曰置社。"置社包括县社和里社："古者二十五家为里，里则各立社。"

我年少时没有这些知识，但对"社"一字眼并不陌生。因为我们都在公社里生活，人人都是社员。人人都会唱《社员都是向阳花》：公社是棵常青藤，社员都是藤上的瓜。瓜儿连着藤，藤儿牵着瓜。藤儿越肥瓜越甜，藤儿越壮瓜越大。公社的青藤连万家，齐心合力种庄稼。手勤庄稼好，心齐力量大，集体经济大发展，社员心里乐开花。公社是颗红太阳，社员都是向阳花，花儿朝阳开，花朵磨盘大，不管风吹和雨打，我们永远不离开她。公社的阳光照万家，千家万户志气大，家家爱公社，人人听党的话……

即使今天我们社会里已经没有公社或大大小小的社了，但我们仍会说自己是社会的一员。东方的邻居则把公司称为会社，公司职工仍是社员。其中的凝聚意识、威权意识跟现代企业相得益彰。

二

考察社的起源极有意思。历史上最早对社好奇的是春秋时代的鲁哀公，他曾向孔子的学生宰我请教关于社的问题，宰我回答说："夏后氏以松，殷人以柏，周人以栗。"

我读史书时也曾有过好奇。不少史书说，商汤曾到桑树林里祷告,《吕氏春秋·顺民》云"汤乃以身祷于桑林",《帝王世纪》则云"汤祷于桑林之社",所以"桑林者社也"。这让我想到不少地方的村民在遇到个人或家里的大事难事时,就到村里的社树前祷告、烧纸钱。显然,社树通灵,它关系着一村一乡一邦国的福禄和命运。我还听到村民们会郑重其事或轻浮地谈论某个村不行了,因为他们村里那棵"百年老树"开春没发新枝新叶了。

这种社树神圣的意识是具有普遍性的。西南一些少数民族村寨里的社树不仅神圣,还有鬼神和祖先的灵魂居住其中,支配着人们的命运。我少时听乡亲说,到别的村里不要揪大树,后来在云南的社树旁见识了这一场景。有外来者看到足球场大的社树枝繁叶茂,信手攀缘照相,立刻就有村中老人过来呵斥。古人说:"侮人之鬼者,过社而摇其枝。"因为社稷"与先祖同",所以摇社树之枝即可侮其鬼神。如古代犹太人居住的地方有所谓圣树,人们常常指着它说:"你是我的父!"据说,刚果的黑人崇拜一种树名为"弥耳仑",常把它栽在家的旁边,似乎把它当作护家的神。沿几内亚海岸几乎每村都有他们的神树……

我们今天很难想象社树寄托了人生存的意义。当屈原被迫离开故乡时,他望着家乡的长楸树即梓树而叹息:"发郢都而去闾兮，怊荒忽其焉极？……望长楸而太息兮，涕淫淫其若霰。"古人灭掉敌国时面临的一大问题就是如何处置社树："汤既胜夏，欲迁其社，不可，作《夏社》。"《礼记》记载说："丧国之社屋之，不受天阳也。"可见，亡国的社树要盖上屋，不让它享受阳光。在历史上，两国交战，往往砍伐树木："陈侯会楚子伐郑，当陈隧者，井堙木刊，郑人怨之。"砍树毁林，就是作践诅咒这个地方，因为社树乃至树林跟当地的命运相关。武夷山的陈建霖先生为保护自然环境立"毁林碑"，很多人不以为然，为了建设新社会，不就是砍了几棵树吗？这些人已经理解不了什么是社。

我年轻时一直不理解桑梓何以称为家乡，后来读书发现中国人的社树多为桑树、梓树。桑树、梓树不仅有实用价值，更在年深日久里产生了神圣性。《诗经》中说："维桑与梓，必恭敬止。靡瞻匪父，靡依匪母。不属于毛，不离于里。天之生我，我辰安在？"对于桑、梓二木为什么要"必恭敬止"，朱熹为此解释说："言桑、梓父母所植，尚且必加恭敬，况父母至尊至亲，宜莫不瞻依也……""伊尹生空桑""汤乃以身祷于桑林""武王胜殷，立成汤之后于宋，以奉桑林"等历史传说，在说明桑林对于宗族国家的意义。而"扶桑"不仅是传说中的神树，也是太阳的落脚地，是太阳的代称。

但如前说，桑梓之社，本来只是宗亲血缘、村落地缘的归宿认同，会向人生世界的多维度扩展。而这个人生世界，被统称为社会。社会远比国家、朝代、政权的意义丰富。旅游观光时有一个可以依赖或暂时认同的平台，就有了旅行社。到一个固定供应茶水的地方喝茶听书，就有了茶社。到外面跟旧友新知交流，被称为社交。跟志同道合者成立组织平台，被称为结社，这个朋友圈就是社区、社群、社团。能够供应图书的平台，被称为出版社。能够提供言论文章报道的地方，被称为报社、杂志社。当然，企图总结陈述时代和社会重大事件重要命题的言论，被称为社论。

有一年，我跟人研修考古天文学。在考察数千年中国人的重要建筑布局时，周代《周礼》总结的"左祖右社，前朝后市"确实在很多文化遗址的布局中得到了印证。更让人惊奇的是，中国今天的很多乡村仍以这一布局凝聚着全村。尤其让人惊奇的是，天安门广场的国家博物馆和人民大会堂，同样是"左祖右社"。

三

让我们回到社的原初意义，回到它的原初情境。它是农耕文明时代的认同：京城的天子有太社、王社，他们有他们的人生追求、价值实现，没关系的，在我们这个偏远的小山村里，虽然只有一二十户人家，但我们有我们的村社，我们每一个村民，无论男女老幼，也有活着的追求、价值和归宿。

在这样漫长的演进里，我们的先民把生活跟社的存在紧密联系在了一起。每年春天，大家像冬眠过后的动物一样，要走出户外，要繁衍生息，要投入生产。这个时候，需要在去年的结社、祭社处建立新社。如此凝聚人心，在春耕秋收中能够同心同德，共度艰难，共享喜悦。当然，同样重要的，年轻的男女们需要有平台能情挑情牵，抚慰春心。异性交往是社交最早最重要的内涵之一。只是后来独立出去，让祭土地神的生产生活成了"社会"的主要内容。无论如何，祭祀社交有祈福、有欲望宣泄，是既庄重又有娱乐的春嬉（又称桑社、桑林、桑台、春台）。

这个结社的日子慢慢地固定下来，最初打卦占卜，民间有二月初二、二月初八、二月十二、二月十五之说。如二月二日被称为"土地公公生日"。后来人们发现社日是可以确定下来的，在天干地支记日的符号中，戊的五行属土；如果从立春之日算起，第五个戊日，约在春分（3月20日前后），此时，燕子飞来，玄鸟司分，不仅意味着春播春种，也象征着爱情，意味着生命的孕育。因此，春社日就定于立春后的第五个戊日。

"燕子来时新社，梨花落后清明。池上碧苔三四点，叶底黄鹂一两声。日长飞絮轻。　巧笑东邻女伴，采桑径里逢迎。疑怪昨宵春梦好，元是今朝斗草赢。笑从双脸生。"宋人晏殊写的这首词里即有春社后的生活场景。最有名的可数王驾的诗："鹅湖山下稻粱肥，豚栅鸡栖半掩扉。桑柘影斜春社散，家家扶得醉人归。"还有陆游的名作："莫笑农家腊酒浑，丰年留客足鸡豚。山重水复疑无路，柳暗花明又一村。箫鼓追随春社近，衣冠简朴古风存。从今若许闲乘月，拄杖无时夜叩门。"

有春社即有秋社，秋社是立秋后的第五个戊日，约在秋分（9月23日前后）。元代人有曲："来时春社，去时秋社，年年来去搬寒热。语喃喃，忙劫劫。春风堂上寻王谢，巷陌乌衣夕照斜。兴，多见些；亡，都尽说。"春社跟秋社都被称为"社日"，历来有"春祈秋报"的说法。《礼记·明堂位》："是故夏礿、秋尝、冬烝、春社、秋省，而遂大蜡，天子之祭也。"有官方倡导，民间对春秋的"社会"活动更是用心，不仅充满生活气息，是邻里娱乐聚会的日子，还创造了诸多如敲社鼓、食社饭、饮社酒、观社戏等习俗，使社日成为传统民间不可多得的热闹节日。

据说,最早社祭方式有两种,一种是一村一里的人一起打猎(比如二十五家人共猎),以猎狩物为祭品奉献社神;第二种则是家家户户都拿出祭品,祭礼仪式结束后,大家共食、聚饮。这种场面,就有司仪者带众人行礼如仪,一人举杯,众人同举。这是乡村民众都参与的节日,场面热烈、欢快,人们投入其中,纵情享受,食牛羊肉,十分热闹。老子想到众人聚合的场面时就想到春社,"众人熙熙,如享太牢,如登春台"。有文字学家认为,"同"字最早的意思即是众人举杯同饮同食的形象表达,孔子向往的大同社会,即是天子民众行动一致、同心同德,有共同的追求、共同的归宿等生活方式。

直到现代,农民出身的领袖大概仍有社日的印象,对把个体化的农民组织进入社里情有独钟,生产生活资料都贡献于社也取之于社,吃社饭、吃公家饭的意识深入人心,农民也一度真诚地把进社里成为合作社的一员,进而成为高级社即公社的一员当作骄傲和归宿。直到今天,一些有社会关怀的企业家在开发商业小区时,对业主们的社交问题极为关心,他们号召、组织业主们在节假日一起吃饭,或一家献上两三个菜,或统一烹饪,让业主们感受百人千人在社区同食的认同和欢乐。

四

对传统文化有研究的易学大师尚秉和先生认为,社日在中国历史上,可谓最古最普遍之佳节。农民的小家,靠单打独斗是难以建设美好的,因此小农心理总希望搭便车,跟上"大家长",跟上社会形势,农民善良又真诚地希望社会好起来,自己能够做出个样子来。这也是社日活动曾经极为热闹的原因,农民真诚地投入其中,不管一年的生产是否做好了准备,不管一年的收成是否如愿,但他们愿意把社日祭祀,把对土地神的献祭进行得入俗入骨地认真、热闹。

学者总结春社,"起源三代,初兴于秦汉,传承于魏晋南北朝,兴盛于唐宋,衰微于元明及清"。但直到近代,"村村社鼓隔溪闻,赛祀归来客半醺"仍是农村地区的一道风景,今天中国内地仍多有保留下来的土地庙即是社日传统的遗存。

社日作为节日的式微应跟我们文明的大转型有关。"社会"变得复杂了,生存的维度丰富了,其中的个体跟共同体的关系也不能再停留在熟人模式、家国情感模式,需要引入

○ 有风吹过平野,有花开在山前。不闻世间大事,独自播种丘田。——老树

【社日】

契约精神、法治意识，个体需要长大，跟大家长一道并肩而立并随时可以成为大家长。我们从宋人的诗词里可以感受到这个节日传统的衰微消息："过春社了，度帘幕中间，去年尘冷。差池欲住，试入旧巢相并。还相雕梁藻井。又软语、商量不定。飘然快拂花梢，翠尾分开红影。"

尽管社戏仍在年复一年地上演，直到近代仍在表现它的人间热闹，但我们现代最渊博的学者马一浮先生洞明了它的虚浮："前村箫鼓赛江神，峒舞蛮歌爨演新。一树斜阳鸦雀散，上场都是拆台人。"我们现代最伟大的作家鲁迅先生在其年少的心灵中已经感受到了戏里戏外的苦难和寂寞："那声音大概是横笛，宛转，悠扬，使我的心也沉静，然而又自失起来，觉得要和他弥散在含着豆麦蕴藻之香的夜气里。"

在名作《社戏》里，鲁迅如实记录了年少时看戏的情景："然而老旦终于出台了。老旦本来是我所最怕的东西，尤其是怕他坐下了唱。这时候，看见大家也都很扫兴，才知道他们的意见是和我一致的。那老旦当初还只是踱来踱去地唱，后来竟在中间的一把交椅上坐下了。我很担心；双喜他们却就破口喃喃地骂。我忍耐地等着，许多工夫，只见那老旦将手一抬，我以为就要站起来了，不料他却又慢慢地放下在原地方，仍旧唱。全船里几个人不住地吁气，其余的也打起呵欠来。双喜终于熬不住了,说道,怕他会唱到天明还不完,还是我们走的好罢。大家立刻都赞成,和开船时候一样踊跃,三四人径奔船尾,拔了篙,点退几丈,回转船头,驾起橹,骂着老旦,又向那松柏林前进了。"上千年的社戏已经跟少年、跟新的世界无关。因此,少年中国、新的世界在旧文化之外,人们不得不背井离乡,"走异路,逃异地,去寻求别样的人们"。

鲁迅还记录下老实愚朴的中国农民:"六一公公竟非常感激起来,将大拇指一翘,得意地说道:'这真是大市镇里出来的读过书的人才识货!我的豆种是粒粒挑选过的,乡下人不识好歹,还说我的豆比不上别人的呢。我今天也要送些给我们的姑奶奶尝尝去……'他于是打着楫子过去了。"这"不识不知顺帝之则"的田园诗式的生活是成为历史了,自然如花鸟一样的"宗法社会"已经演进到边缘人、罪犯、另类与可接受者、正常人等的现代结合体。个体生命需要充分地社会化,也需要充分地个体化。

上千年的传统到了现代竟然只有少数诗文为之纪念,这挽歌确实过于清冷了。我们的"社会"需要人的启蒙和自立,同样也需要社会对人的保卫和成全。如果人的权利受到侵犯,那么,用西哲的话,"我们必须保卫自己对付社会"。

传统社会之成为历史，其原因也在于我们必须活出自己，而非为那个不再回来的社会陪葬。这也是当代中国改革开放的本能动力之一。当社里不再能让农民吃饱穿暖，农民们不能享有生存权发展权时，温情脉脉的家国天下的面纱不能再为之遮羞，即使"六一公公"的后人也要分田、单干，包产到户。当代中国的这一事实使"社日"永远成了过去时态，只是如何建成新的社会关系仍是数代人需要提交答案的问题。

寒食

○ 回到更为本真的生活

过寒食，不仅是纪念先人，不仅是忆苦思甜，也是在检验我们是否骄奢淫逸、娇生惯养。

一

寒食节是我们中国传统节日中的大节之一，唐代以后式微，逐渐为清明节兼并。但寒食节在民间仍有影响，其习俗和仪式甚至通过家族个案传承下来。

我小时候，处在"文革"后期，那个时候批判封资修，家家户户是不准上坟扫墓的，但到清明前后，学校会组织学生到革命烈士陵园去扫墓。当时的中小学师生几乎人人都会背诵这样的一段话："红领巾是少先队员的标志，它代表红旗的一角，是革命先烈的鲜血染成的，每个队员都应该佩戴它和爱护它，为它增添新的荣誉。"

给先烈扫墓算是清明节的内容。当时是革命年代，全社会都要对革命先烈心存缅怀敬意，在城乡各地，军属、烈属家庭都会受到重视，除了享有社会名望，过年过节时还有政府机构派出的干部和演出队去慰问他们。但这一清明内容中的重温历史苦难也属于寒食节的应有之义。

"不忘阶级苦，牢记血泪仇。"民族的、阶级的、家族的、个人的苦难与仇恨在节日里被唤回，彰显出来。除了纪念先烈，还有一些活动让人印象深刻。痛说革命家史，再现旧社会的饥饿的记忆，再现历史苦难的视觉、听觉和味觉情景，就是要请老工人、老农民来讲一讲他们曾经怎样忍饥挨饿。除了这样的专项运动，学校也会布置作业，让学生回家听父母讲一讲他们曾经怎样受苦受穷，他们是在新社会里得到解放……这一活动就是历史上空前的，也可能是绝后的"忆苦思甜"运动。

我小时候就写过这类作业，因此牢记父亲是孤儿，母亲家也穷得"一穷二白""无立锥之地"；有时候村里会集中村民开会，请人讲一讲旧社会多么苦多么暗无天日，这是忆苦、诉苦。"天上布满星，月牙亮晶晶，生产队里开大会，诉苦把冤伸。"让大家想想能生活在今天多么幸福，这是思甜。还有吃苦，就是让大家真切地体会到旧社会的苦是什么，具体办法就是这一天不开伙，不吃饭，实在饿了就吃野菜团子，或冷饭团。小时候过这一天，我曾以为是家里穷，每年这么过一天可以知道生活不容易，要不忘本才可以。后来读到有关当代史的文献和众多回忆，才明白这是全国性

○ 此去千里寻花,山前山后徘徊。误入白云深处,从此不再回来。——老树

【寒食】

的、一个时代的"故事",这些故事在正经严肃里有荒诞滑稽,苦中有乐子,在做戏的仪式中透露出历史的真实消息。

"我第一个吃了一口,谁知嚼在嘴里咽了几次都没咽下去,那叫一个难吃。当时,流行这样一句话:'苦不苦,想想红军二万五,累不累,看看革命老前辈。'想到这儿,我硬是将一只馒头咽了下去。"

"那年,我去给地主当长工。地主可真狠,总是整我们这些穷人。到农忙的时节,地主给我们长工打牙祭,狗日的地主,把肥肉切成耳巴子(手掌)那么大一块,放到嘴里,满嘴流油,整得我们吃几块就吃不下了,剩下的下一顿就不端出来了……"

"伢子啊,我受的苦三天三夜也说不完,那样的苦你们连想一下都浑身发毛。我也曾过了几年好日子,那是民国三十年给东家打长工,东家待我可好了,每天夜里都有酒喝,一年到头还让我挑上一大担年货回家过年。可是到了'过粮食关',连'糠粑'也没得吃,我差一点就饿死了……"

"最苦的要数大食堂,天天饿得眼发黑,头晕心慌,连讨饭也没处去讨呀！我实在饿得受不了了，才千里迢迢跑来找儿子……"

"最高指示：'阶级斗争，一抓就灵。''千万不要忘记阶级斗争。'今天听了'九大'代表安玉蓉同志的忆苦报告，很受教育，上了一堂生动的阶级教育课。在旧社会，安玉蓉一家被地主资本家剥削压榨，父亲被国民党反动派拳打脚踢吐血而死，哥哥被资本家活活打死，姐姐卖给了人家，妈妈也几乎自杀。剥削有罪，罪该万死！"

……

无论后人如何不理解忆苦思甜运动，这一运动仍达到了目的，即使社会的主体人群也都真诚地相信，旧社会的中国人都在受苦，而且，世界上还有三分之二的人在受苦。有人就回忆说："我的一个表姐，1978年考上大学时，有个同学得知她是1949年8月——新中国成立前两个月出生的——竟然说道：'那你还受了两个月苦啊！'"

二

革命年代的忆苦思甜是在扫荡传统节日之后发起的运

动,用当时的语言,是移风易俗后的革命表现。但这一行为或运动除了满足革命的意识形态需要,仍跟寒食节的习俗如出一辙。我也是后来读书才想起来,这一祭扫革命先烈的活动以及忆苦思甜的运动原本就是我们的传统。用一个革命话语,传统"借尸还魂""移花接木"地通过革命行为得到了表现。那么我们只能说,我们的这一传统是有意义的,有其合理性。借用现代话语,我们的传统里有文化人类学的丰富意义,有"神的目的"和"人的目的",蕴含了人性乃至人类的合理性。这太让人惊讶了。即使在革命年代里,我们民族的精神意识或一个时代的集体无意识仍延续了历史的血脉。

寒食节以冬至后一百零五天来计算,一般在清明节前一两天,又称"禁烟节""冷节""百五节",是远古人在春天改火形成的习俗。先民们钻木取火,火种来之不易,取火的树种因季节变化而不断变换,因此,改火与换取新火是古人生活中的一件大事。现代人已经难以想象,就是在三四十年前的农村地区,家家都能随时点火也不容易。火柴(被称为洋火)、蜡烛、煤油等仍是稀罕或家庭日用的重要用品。我见过用野生"火草"背面的绒棉做成的火绒,极干极细,捻成团后放在打火石上,再用铁、石头敲击,飞溅的火星便能将火绒引燃。我也见过先进的点火技术,就是用厚厚的镜片在太阳底下烤火绒，也能引燃。史书称颂燧人氏钻木取火，给中国境内的远古先民带来了火种，但钻木取火的场景，我遗憾没有见识过。

在数千年的历史里，我们可以想见火之于先民的意义，它象征了光明、温暖、熟食、可以过活可以延续下去的日子，象征着幸福、快乐、文明、文化。而生食、寒食、茹毛饮血等，显然代表着落后、苦难、愚昧、野蛮。

火是神圣的，火种也是神圣的。我们的先民在钻木取火的活动里发现了季节不同，取火使用的木材也会不同。《周书·月令》记载说："春取榆柳之火，夏取枣杏之火，季夏取桑柘之火，秋取柞楢之火，冬取槐檀之火。一年之中，钻火各异木，故曰改火。"先民还总结出经验，每到初春季节，气候干燥，人们保存的火种容易引起火灾，春雷也易引起山火。

为此神圣性、仪式感或说记忆，我们的先民就在春天把上一年传下来的火种全部熄灭，即是"禁火"，过几天再重新钻燧取出新火，作为新一年生产与生活的起点，谓之"改火"或"请新火"。在这几天无火的日子里，人们只能以冷食度日，即为"寒食"，故而得名"寒食节"。可以说，这一寒食有纪念钻木取火的燧人氏等革命领袖的意思。火种的来之不易、光明温暖的来之不易，都在仪式节日里得以再现。纪念领袖、崇敬英雄、重温历史等是现代话语，用于寒食节的起源，也正当，其中有文化人类学的深刻道理。围着篝火歌舞、点燃蜡烛唱歌不仅是我们中国人的传统生活，也是东西方各民族共有的生活。也许世界其他民族把对火的崇拜、纪念等潜意识化为歌舞节日，但我们中国的先民把它演化成了一个慎终追远的寒食节。

当然，一个传统节日、一种集体无意识也经过了千百年的积淀。春秋时代，晋文公有过一段流亡国外的艰难岁月，介之推历经磨难辅佐他。后来晋文公回国做了国君，给大家封赏，介之推到绵山隐居。晋文公烧山逼他出来，子推母子隐迹焚身。晋文公为悼念他，下令将绵山改为介山，在介之推忌日（后为冬至后105日）禁火寒食，而与民俗中固有的寒食习惯合一。晋文公还将一段烧焦的柳木做成木屐（就是做成木拖鞋），望而感叹："悲哉足下。"这就有点儿像是在纪念一起战斗过的革命战友一样，而民众则是纪念革命先烈。叶剑英如此理解这一节日："以寒食寄托哀思，为了怕引火再烧了绵山。这大概和五月端午屈子死难日乘龙舟往汨罗江丢粽子一样，一来为了纪念屈原，一来也怕鱼类再糟蹋屈子的躯体。这是无权的人民群众怀念他们所热爱的历史人物的最好方法。"

总之，寒食的习俗来源于禁火，来自纪念介之推的说法是后来增附的意义。当然，晋国的这一段历史因其事件重大而让人记忆深刻，晋国所属的山西地区纪念寒食尤其虔敬。到了汉代，山西地区要禁火一个月来追思纪念。三国时期，曹操曾下令取消这个习俗："闻太原、上党、西河、雁门冬至后百五日皆绝火寒食，云为介子推。""令到，人不得寒食。若犯者，家长半岁刑，主吏百日刑，令长夺一月俸。"但三国归晋以后，由于与春秋时晋国的国号相同而把寒食习俗当作自家物，恢复了禁火寒食习俗，时间缩短为三天。寒食节由此固化，从远古、秦汉的民间习俗演化成了全国性的节日。

三

在汉唐时代，人们称寒食节为禁烟节，在这一天里，百姓人家不得举火，到了晚上才由宫中点燃烛火，并将火种传至贵戚重臣家中。唐朝诗人韩翃有诗《寒食》："春城无处不飞花，寒食东风御柳斜。日暮汉宫传蜡烛，轻烟散入五侯家。"寒食禁火、其后清明取火的现象，在唐代诗人王表的诗中是："寒食花开千树雪，清明日出万家烟。"

在唐代，不论士人还是平民，都将寒食节视为返本追宗、慎终追远的节日，由于清明距寒食节很近，人们常常将扫墓延至清明。诗人也往往将寒食、清明并提，如韦应物有诗句说："晴明寒食好，春园百卉开。"白居易说："乌啼鹊噪昏乔木，清明寒食谁家哭。"朝廷顺从民意，规定寒食清明放假四天。也就是说，从唐代开始，清明节成了国家法定节日。民间社会的祭祖扫墓习俗也就得到了国家的承认。

到了宋代，清明和寒食逐渐合而为一，清明将寒食节中的祭祀习俗收归名下。当然，宋代人对寒食的习俗仍过得极为认真。苏东坡不仅写了有名的《黄州寒食诗》，他的这一手书还被称为"天下第三大行书"（也有人说是天下第二大行书）：

其一

自我来黄州，已过三寒食。
年年欲惜春，春去不容惜。
今年又苦雨，两月秋萧瑟。
卧闻海棠花，泥污燕脂雪。
暗中偷负去，夜半真有力。
何殊病少年，病起头已白。

其二

春江欲入户，雨势来不已。

小屋如渔舟，蒙蒙水云里。

空庖煮寒菜，破灶烧湿苇。

那知是寒食，但见乌衔纸。

君门深九重，坟墓在万里。

也拟哭途穷，死灰吹不起。

我们也可以说，清明节跟寒食节其实没有什么关系，只不过两个节挨得太近，甚至经常重合，让清明节兼并了寒食节。但寒食节的仪式感并不随清明节的独大而为人忽视，不少家族史的记忆表明，很多中国的家族在逃荒、背井离乡之后，会选定一个日子，让自己和子孙在这一天吃寒食、断食、忆苦思甜，有的人家甚至会选择在大年三十来忆苦思甜。这也说明，革命年代的忆苦思甜运动有着文化或"修齐治平"的意义。

从现代人的角度看，寒食的意义仍是非常重要的。我们当代人已经基本遗忘了寒食节，但日本福岛地震之后，受灾的人们被迫吃寒食。这件事很有寓意，核能和远古的火种都是文明的标志。清明与寒食的相关内涵也在提醒我们，人类应该在自然面前保持敬畏，文明之火的延续并不容易。

做一点过度解释，寒食不仅要我们缅怀圣贤、先烈，也在检验我们自身是否能够吃苦。文明其精神，野蛮其体魄。从医学的角度来说，为了肠胃健康我们人应该多吃热食，我们现在也对生冷寒食本能地拒绝。但人的身心其实应健康到能够吃寒食、断食，修道、养生的重要方式之一就是吃寒食、断食。寒食习俗在今天就显示其参考价值：我们的生活一年年地好起来，可是每年都有一天提醒你应该吃寒食，你敢吃吗？你能吃吗？

过寒食，不仅是纪念先人，不仅是忆苦思甜，也是在检验我们是否骄奢淫逸、娇生惯养。寒食，就是让我们向往更健康更美好的生活，当然也是让我们回到更为本真的生活。用现代人的话语来说，寒食在提醒我们个人和家国是否忘记初心，提醒我们身心需要多少才合适。古希腊有名的德尔斐神谕即是，认识自己，凡事勿多。乔布斯发扬光大的名言："Stay hungry, stay foolish."（有多种翻译，如：求知如饥，虚心如愚；不知足，不卖弄；等等。笔者试译为：止于饥饿，持守愚钝。）其实深得我们中国文化中寒食节的感受烟火（物质和精神火种）之要义。圣雄甘地绝食，他就像印度的燧人氏给现代印度带来了文明新生的火种，他的方式是让上至精英下至贱民的子民都回到身体的经验上来。如同爱因斯坦们曾试图理解或想象甘地的心理，在断食的经验中，个人的要求和欲望从零起步，文明生活确实来之不易。但为什么自己或他人组成的社会生活如此充满了罪性：没有原则的政治（politics without principles），不劳而获的财富（wealth without work），没有同情的享乐（pleasure without conscience），没有伦理的知识（knowledge without character），没有道德的商业（commerce without morality），没有人性的科学（science without humanity），没有牺牲的信仰（worship without sacrifice）。

对今天的中国人来说，寒食节也好，忆苦思甜行为也好，其中牢记苦难尤其是牢记阶级苦难的内涵已经为人淡漠，也正在成为历史。虽然歌手翻新，唱起《不忘阶级苦》还是一样引人好奇：

天上布满星，月牙亮晶晶

生产队里开大会，诉苦把冤伸

万恶的旧社会，穷人的血泪恨

千头万绪，千头万绪涌上了我的心

止不住的辛酸泪挂在胸

不忘那一年

北风刺骨凉

地主闯进我的家

狗腿子一大帮

说我们欠他的账

又说欠他的粮

强盗狠心，强盗狠心抢走了我的娘

可怜我这孤儿漂流四方

不忘阶级苦

牢记血泪仇

世世代代不忘本

永远跟党闹革命

永远跟党闹革命

清明

○ 对家庭的尊崇和对祖先的感恩

清明祭祀,也有着生者与死者、与天地山川对话的意义。

一

　　清明，既是节日，又是节气。很多人想到清明，马上会想到扫墓，想到杜牧的名篇："清明时节雨纷纷，路上行人欲断魂。借问酒家何处有？牧童遥指杏花村。"其他的节气，比如立春、立夏、立秋、立冬，以及春分、秋分、夏至、冬至等一年的四时八节，是反映季节变化的，像小暑、大暑、处暑、小寒、大寒五个节气，是直接反映气候特征的，直接反映降水现象的有雨水、谷雨、小雪、大雪四个节气，白露、寒露、霜降三个节气也反映了气候状况，而像小满、芒种是表示农作物的生长成熟状况的，剩下的惊蛰和清明两个节气，都是反映自然物候。清明节则更为特殊。

　　春分后的十五天左右，就是每年4月的4号到6号，天地之气再次发生变化，这一节气被称为清明。对中国大陆来说，清明一到，气温升高，是春耕的大好时节。以小麦、油菜花、春竹为例，这是小麦拔节孕穗、油菜抽薹开花、春竹拔节蹿高的时候。小动物的骨节迅速增大，身形长高；孩子们的身体也像在抽条，增高了许多。在大时间序列里，清明节正好属于节卦时空，拔节、节制、节俭、节哀、慎终追远，等等，有极为深刻的时间规定及其意义。

有人会有疑问，既然清明原本是这样一个春光明媚、生机盎然的时间，怎么会演变成中国人祭祖扫墓的日子呢？这不是很矛盾吗？我个人觉得这里有中国人的美学观念，跟日本人对樱花的感情一样，中国人对春天的审美也具有灿烂跟春光短暂易逝相结合的一面，中国人也会想到人生的短暂无常。春天太美了，可是春天太短暂了。我们现代人更是越来越感觉到，春天还没有几天，就进入了夏天，其中就有生与死的眷恋和哀伤。

这里也涉及中国人的集体无意识。中国人在几千年的生存中明白，生与死的辩证意义。比如尧、舜、禹这样的上古帝王都说："生者寄也，死者归也。"后来的成语"视死如归"就是从这种生存体验中总结而来的。儒家的孔子总结为"养生送死"，儒家还为此做了很多礼仪上的规定。孔子还有一句有名的话："礼，与其奢也，宁俭；丧，与其易也，宁戚。"意思是，就一般礼仪说，与其铺张浪费，宁可简朴节约；就丧礼说，与其仪文周到、轻松开怀，宁可忧伤悲哀。

○ 总有一棵树，等待春风回。总有一间屋，不知住着谁。——老树

【清明】

但最能解释中国人这一清明现象的，还是道家，老子有一句话最精当地说明了中国人把清明节气过成了节日，那就是"出生入死"。清明节气，虽然是春天了，是万物滋生出生的时候，中国人却要求自己花上一两天来接触死亡，来扫墓祭死，来入死。这是非常了不起的中国哲学。老子还为此演绎说，生之徒十有三，死之徒亦十有三。人之生，动之死地亦十有三。就是说，人活着的机会有十分之三，死亡的机会有十分之三，向死而生的机会有十分之三。清明节，就是中国人的出生入死，中国人的向死而生。

二

清明时节的天气可以《红楼梦》中贾宝玉的感受为代表，书中记载宝玉：正要去瞧林黛玉，便起身拄拐辞了他们，从沁芳桥一带堤上走来。只见柳垂金线，桃吐丹霞，山石之后，一株大杏树，花已全落，叶稠阴翠，上面已结了豆子大小的许多小杏。宝玉因想道："能病了几天，竟把杏花辜负了！不觉倒'绿叶成阴子满枝'了！"因此仰望杏子不舍。又想起邢岫烟已择了夫婿一事，虽说是男女大事，不可不行，但未免又少了一个好女儿。不过二年，便也要"绿叶成阴子满枝"了。再过几日，这杏树子落枝空，再几年，岫烟未免乌发如银，红颜似槁了，因此不免伤心，只管对杏流泪叹息。正悲叹时，忽有一个雀儿飞来，落于枝上乱啼。宝玉又发了呆性，心下想道："这雀儿必定是杏花正开时他曾来过，今见无花空有子叶，故也乱啼。这声韵必是啼哭之声，可恨公冶长不在眼前，不能问他。但不知明年再发时，这个雀儿可还记得飞到这里来与杏花一会了？"

现代人可能很难有贾宝玉那样的伤感，只有青春期的心灵、衰世中的精神多少能理解他。在《红楼梦》中，不仅贾宝玉有一颗敏感的心，就是寻常戏子也不乏敏感的神经。如书中记载宝玉眼里的戏子藕官，在清明节里祭奠药官："满面泪痕，蹲在那里，手里还拿着火，守着些纸钱灰作悲。""药官一死，他就哭得死去活来的，到如今不忘，所以每节烧纸。"

我们当代人在经过断裂之后，也开始重视清明习俗，越来越多的人理解，过节不仅是增加生活的仪式感，清明祭祀，也有着生者与死者、与天地山川对话的意义。很多人注意到，在清明前后，我们国家会出现一个人口流动和交通运输的高峰，有"小春运"之说。这个"小春运"的主要目的有两个：一个是祭祖扫墓，一个是踏青赏春或者说旅游，很多是兼而有之。这一现象有清明作为节气和节日的意义，作为一个万物清洁明净的节气时间，人们可以在此时远游踏青，欣赏大自然，清洗掉自己入冬以来不得亲近天地山川的暮气衰气，用一句话来说，就是到大自然中吐故纳新；作为祭祖扫墓的节日，人们需要返乡，到自家的先人墓前祭祀。

三

在古代，清明节气的前后还有两个节日，上巳节和寒食节，上巳节在农历三月初三，主要风俗是踏青、祓禊，这个节日就是到大自然吐故纳新。人们经过一个沉闷的冬天后要到河边清洗自己，祈福消灾。另一个节日就是寒食节，顾名思义就是不生火做饭，要吃饭只能吃冷的；寒食节还有一个习俗就是祭祀祖先。可以说，现在的清明节其实兼并了上巳节和寒食节两个节日的习俗。

清明扫墓的习俗形成比较晚。中国人祭祀祖先的传统很悠久，但直到春秋战国时代之前，人们对死者只安葬而不植树不设土堆（坟墓标记），祭祀逝者只在宗庙进行。到了春秋晚期，人们开始封以土堆、种上树木以作标记，祭祖也从宗庙改到墓地。祭坟扫墓的风俗就此流传开来。

到了明清以后，上巳节退出了节日系统，寒食节也已基本消亡。1935年中华民国政府明定4月5日为国定假日清明节。2008年，中国政府把清明节定为法定节假日，放假一天。

书写春日景象的诗文名篇也非常多，王羲之的《兰亭集序》不仅是天下行书第一，也是一篇融写景、抒情、议论的名作："是日也，天朗气清，惠风和畅。仰观宇宙之大，俯察品类之盛，所以游目骋怀，足以极视听之娱，信可乐也。"在这一段春日乐事的描写之后忽然转入"'死生亦大矣。'岂不痛哉！"的感慨。可以说，这篇文章正是后世清明兼具生与死、欢笑与泪水性质的先导，清明节的哲思和美学意义已经由王羲之说尽了。

当然，王羲之等人的文字是士大夫的文本，还有一些民间文本既沉痛又生动。比如张恨水在《清明二题》中曾谈到，清明祭坟的诗数不胜数，但一个农村汉子跪在坟前的心声令人叫绝："今日是清明，你的儿子来祭坟。哭一声，叫一声，儿的声音娘惯听，为何不答应？"

四

清明节流传下来很多习俗。

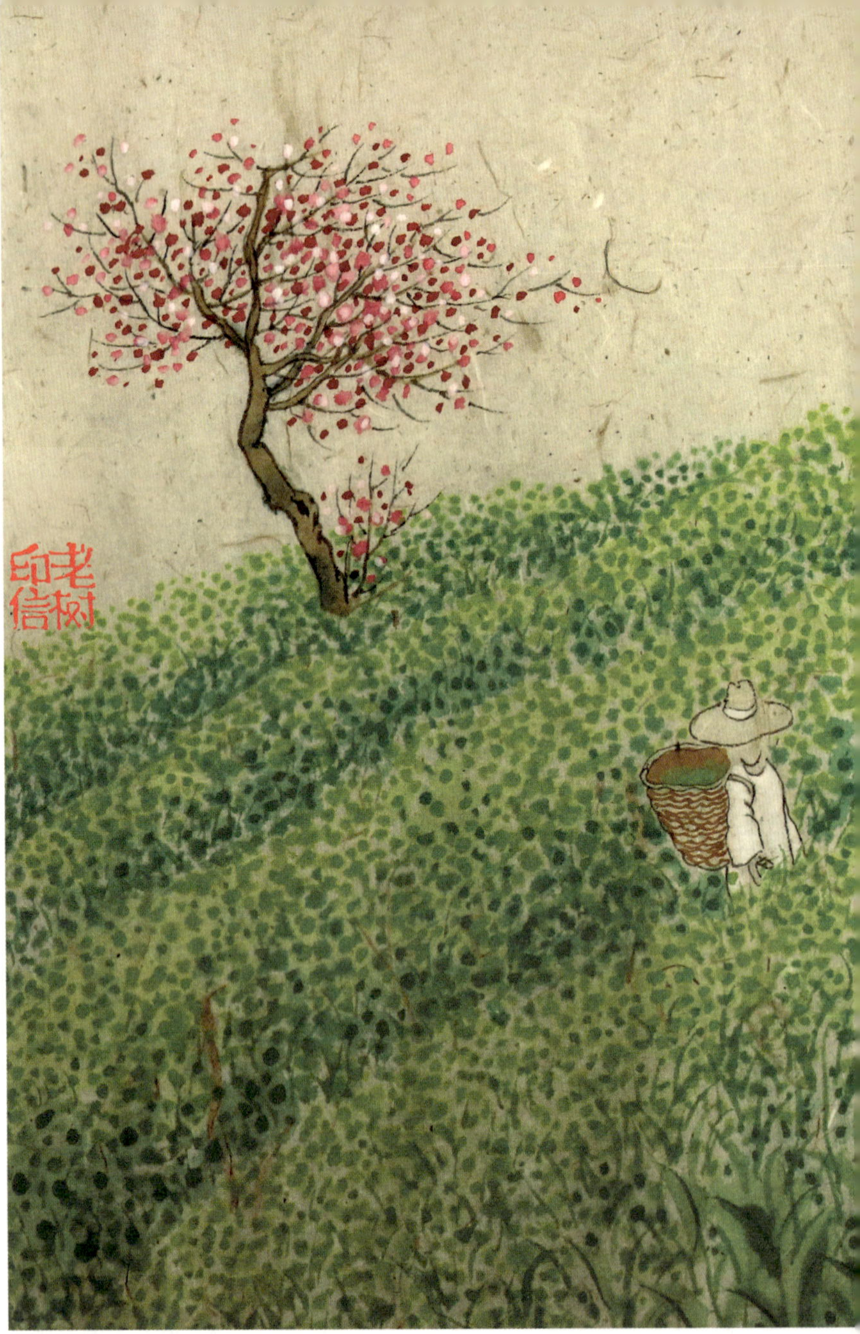
老树印信

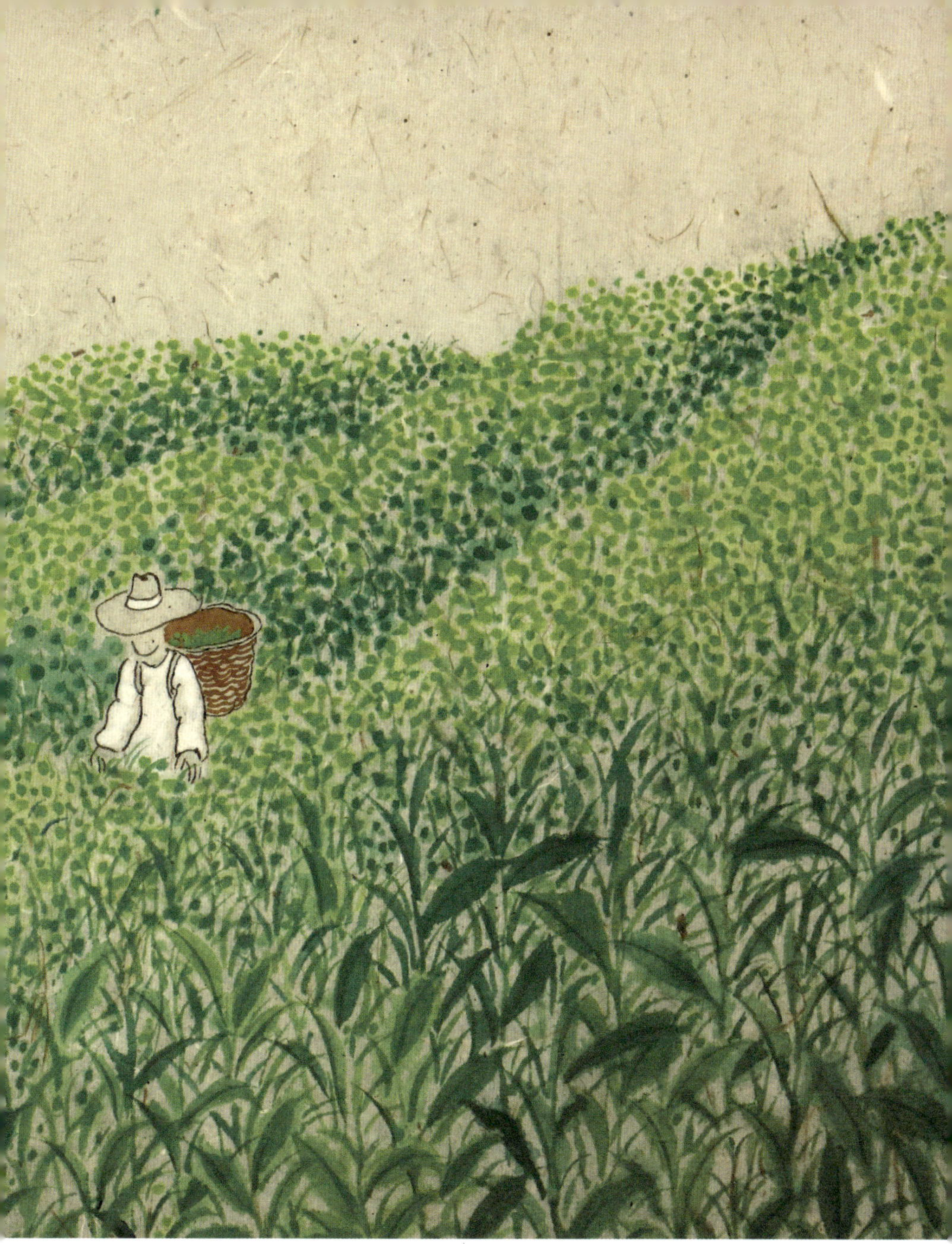

如祭祀供品一项极为丰富，各地风俗也大不一样。除了有馒头、水果，南方人会带上米饭，江南鱼米之乡的人们还要细致地做羹饭，黄豆芽炒油豆腐、菜蕻羹、红烧黄鱼、红烧肉、鹅肉等。有的地方把青团当作必备供品，青团是用艾青叶捣碎后，取汁与糯米粉揉在一起做成的，里面嵌有豇豆沙或白糖芝麻或黄豆粉做的馅子。供青团，是觉得它是清明的象征。

值得一提的还有清明节插柳戴柳的习俗。这个习俗有很多传说，有说跟介子推有关，介子推是抱着一棵柳树被烧死的，人们为纪念他就在他的祭日插柳来为他招魂。还有一个传说，宋代的大词人柳永因为得罪了皇帝，只能浪迹于民间。他跟很多歌伎关系很好，他死后的葬礼就是歌女们集资完成的。每年清明节，歌女们都到他坟前插柳枝以示纪念，久而久之就成了清明插柳的习俗。

当然，插柳作为习俗，还说是为了纪念中国农业生产的开创者神农氏。我记得小时候都是跟着大孩子学折柳，把柳条做成一个圈戴在头上。在中国文化里，一般来说，"插柳""折柳"有三重含义：一表惜别，因杨柳飘悠，似有依恋之情。《诗经·采薇》中"昔我往矣，杨柳依依"表示的就是这个意思。二表挽留，因"柳"与"留"谐音，送客以柳枝表示挽留之意。唐代诗人李白《春夜洛城闻笛》诗中的"此夜曲中闻折柳，何人不起故园情"说的即是此意。三表祝愿，因柳遇水土就能生存，"有心栽花花不开，无意插柳柳成荫"，借此祝愿客人随遇而安。

清明节跟七月半的中元节、农历十月初一的寒衣节一样，还是我们中国人的鬼节。在这个节日里插柳戴柳还可以防止鬼的侵扰迫害，因为柳在人们的心目中有辟邪的功用。受佛教影响，人们认为柳可以驱鬼，而称之为"鬼怖木"，观世音以柳枝蘸水济度众生。北魏贾思勰《齐民要术》里说："取杨柳枝著户上，百鬼不入家。"

五

清明节已经形成了悠久的习俗和厚重的文化传统。我们中国人不管有无文化，说到清明都会诌出一两句诗文来，像杜牧的诗，可谓妇孺皆知，这样的诗远不止一首两首。

宋伯仁的《清明插柳》："清明是处插垂杨，院宇深深绿翠藏。心地不为尘俗累，不簪杨柳也何妨。"王禹偁的《清明》："无花无酒过清明，兴味萧然似野僧。昨日邻家乞新火，晓窗分与读书灯。"吴惟信的《苏堤清明即事》："梨花风起正清明，游子寻春半出城。日暮笙歌收拾去，万株杨柳属流莺。"……这些诗中可以看到很多清明的习俗，如插柳、踏青、取火，等等。

在有关清明节的文化遗产中，最有争议的莫过于中国画史上的杰作《清明上河图》。这幅作品的知名度大概在中国画中可排前几名，在这幅画里面出现了一千多个人物，两百多只动物，非常生动。文物鉴定专家郑振铎、书画鉴定专家徐邦达先生等认为，这幅画描绘的是清明时节的繁荣景象，取名为《清明上河图》，其含义就是清明节去河边。郑振铎先生甚至指出就是清明节这一天。明代李东阳的题跋记载："上河者云，盖其时俗所尚，若今之上冢然，故其盛如此也。"这就是一些专家学者提出"上河"即"上坟"一说的重要依据。《清明上河图》就是人们上河边、扫墓归来后的狂欢景象。

但也有人有不同意见，比如认为这幅画画的根本不是春天的景象，而是夏秋之际的景象，还有说《清明上河图》只是寓意清明盛世的意思等。专家学者对"清明"的考证得出三种观点：一、"清明节之意"；二、"清明坊之意"；三、"清明盛世之意"。

无论如何,《清明上河图》算得上清明节日的经典作品。有人说,清明节至少有四大经典:一首诗,即杜牧的《清明》;一幅书法,即苏东坡的《黄州寒食帖》;一幅画,即张择端的《清明上河图》;一出戏,即演绎唐朝诗人崔护和少女杜宜春在清明偶遇的一段爱情故事《人面桃花》。

六

除了古典作品外,现代作品中也有不少关于清明节的描述。如丰子恺在《清明》中讲述了小时过清明的习俗:"清明三天,我们每天都去上坟。第一天,寒食,下午上杨庄坟……正清明那天,上大家坟。这就是去上同族公共的祖坟。坟共有五六处,须用两只船,整整上一天。同族共有五家,轮流做主。白天上坟,晚上吃上坟酒……第三天上私房坟。"丰子恺还说:"我们终年住在那市井尘嚣中的低小狭窄的百年老屋里,一朝来到乡村田野,感觉异常新鲜,心情特别快适,好似遨游五湖四海。因此我们把清明扫墓当作无上的乐事。"他称这一活动为"借墓游春"。

叶圣陶在《过节》一文中则写了对跪拜的态度:"逢到节令,我们依着老例祭祖先……从前父亲跟叔父在日,他们的跪拜就不相同。容貌显得很肃穆,一跪三叩之后,又轻轻叩头至数十回,好像在那里默祷,然后站起来,恭敬地离开拜位。所谓'祭如在','临事而敬',他们是从小就成为习惯了的。新教育的推行跟时代的转变把古传的精灵信仰打破,把儒家的报本返始的观念看得并没有什么了不得,于是'如在'既'如'不起来,'临事'自不能装模作样地虚'敬',只成为一种毫无意义的例行故事:这原是必然的事情。几个孩子有时跟着我拜;有时说不高兴拜,也就让他们去。"

周作人说,如果排除掉感情上的因素,扫墓其实也是一件"有趣"的事。平时,人们忙于各自的事业,无暇去野外游逛,只有在扫墓的时候才可以聚集在一起出门,这大概也算是"片刻的优游"了吧。他在《山头的花木》中写道:"在旧时代里,上坟时绝顶高兴的是女人,其次是小孩们。""清明一到,妇女儿童欢天喜地,穿得漂漂亮亮去上坟,无形中构成一道亮丽的风景。"他在《上坟船》等一些诗文中详细描写过绍兴扫墓的风俗:"至三月则日上坟,差不多全家出发,旧时女人外出时颇少,如今既是祭祀,并作春游,当然十分踊跃。""扫墓时候所常吃的还有一种野菜,俗名草紫,通称紫云英。""牛郎花好充鱼毒,草紫苗鲜作夕供。最是儿童知采择,船头满载映山红。"周作人高高兴兴地记述了扫墓的食事,说,他家是墓前供十大碗菜,八荤两

素,所谓"十碗头"。"龙灯蟹鹞去迢迢,关进书房耐寂寥。盼到清明三月节,上坟船里看姣姣。"(《儿童杂事诗》)

鲁迅笔下的清明节在小说《药》中体现:"这一年的清明,分外寒冷;杨柳才吐出半粒米大的新芽。天明未久,华大妈已在右边的一坐新坟前面,排出四碟菜,一碗饭,哭了一场。化过纸,呆呆地坐在地上……"

七

我曾借用节卦卦辞来说明清明时节的君子人格:"君子以制度数,议德行。"清明节是大地回春、生机盎然的时候,人的心情也会舒展起来。此时扫墓祭祖,用曾子的话来说,是"慎终追远,民德归厚"。祭扫活动既能体现对家庭的尊崇,又能表达对祖先的感恩。其中有庄重,有责任,有形式感。在春天,人人都想生发、想表现的时候,让大家去祭祖,既是敬畏,又能坚定自己要表现创造的决心。对社会来说,这样过节能使大众的心地更为醇厚。

也就是说,祭祀行为本身就是让人明白人应该有所节制,有所敬畏。在先人面前,人不应该任性,为所欲为。不少人狭隘地以为祭祖扫墓是求祖宗保佑,以至于祭祀时以行贿先人为计，这是势利、功利之行，更忘记了祭祀更丰富的意义。比如祭祖也是向祖先交答卷的时候，自己的礼数、德行、功业如何，面对祖先能否无愧于心，能否在新的一年建功立业？这都是可以向逝者、亡者、先人报告的。

说到个人经验，我这一代人在清明节面前曾经无知无礼过，青少年的时候懵懂无知，后来明白了祭祀扫墓的重要，但生活又让我们很难回到传统。都市生活的飘忽、跟先人坟地的距离，都让我们难以体会传统祭祀的境界。同时，社会上"死灰复燃"的恶俗现象也令人不安，每年的清明时节，我们都能看到有关大肆铺张浪费、炫耀权势的消息，也能听到周围人过清明节的遗憾，种种现象表明，我们在天地先人面前还没有健全的德行。

我相信随着我们对清明节的重视程度加深，我们会找到新的出生入死的风范、精神，也能找到跟逝者、山川自然对话的方式。我父母去世后的最初几年，我就常常想到如何做才是真正回报他们。有几年的清明，我写诗纪念，但当时用手机写的，换手机多次，搬家多次，我写的诗也没有保存下来，最有印象的是六七年前的清明节，我把穆旦的一句诗拿来作为纪念：

等季候一到就要各自飘落,
而赐生我们的巨树永青,
它对我们的不仁的嘲弄,
(和哭泣)在合一的老根里化为平静。

端午

○ 节气和操守,辟邪和祛灾

盛暑炎毒,当愿众生:舍离众恼,一切皆尽。
暑退凉初,当愿众生:证无上法,究竟清凉。

一、恶月恶日

传统人文节日的由来多不止一时一地,但大体上来说,人文节日从源流开始到定型,成为民生日用,仍跟天文时间有一定的关联。端午节是传统中国民间的四大节日之一,虽然定在农历,但其节日习俗仍跟节气时间的情状有关。

如同重阳节多在寒露、霜降节气,端午节多在芒种、夏至节气。学者甚至考证说,端午节起源于夏至。"端午为天中节,是因为午日太阳行至中天,达到最高点,午时尤然,故称之为天中节",天中的说法当然源于夏至。我们说过,节气时间也可以放在一天的时间周期里,夏至正好是一天的正午十二点钟。正者,端也,正午就是端午的意思。

后人曾经附会说,端午节来源于纪念伟大的诗人屈原,但已经有人考证,早在屈原年代以前,端午节就已经存在,也有吃粽子、赛龙舟的习俗。至于纪念人物,除了说端午节纪念屈原外，还有纪念伍子胥、曹娥、介子推等多种说法。

为什么要过端午？还有一种干支的说法，农历以地支纪月，正月建寅，二月为卯，顺次至五月为午，因此称五月为午月，"五"与"午"通，"五"又为阳数，故端午又名端五、重五、端阳、中天等。跟重阳节有相似性，端阳节也有到户外活动，甚至登高望远、避恶禳灾的习俗。端阳有阳气盛极的现象，夏天阳极，蛇虫、蚊蝇繁盛，蝎子、蛇、蜈蚣、蟾蜍、壁虎等五毒尽出，容易流行瘟疫，毒气发作。

五月是凶险的，用老北京的俗话来说就是，善正月，恶五月。汉代人应劭在《风俗通义》中说过："五月盖屋，令人头秃。""五月生者，以为妨害父母。"应劭还说当时人有一句俗话："五月到官，至免不迁。"意思是五月上任的官员，直到被免掉也不会得到升迁。

五月如此，那么其中的端午日更不吉利了。"五月五日生子，男害父，女害母。"战国时期的四大公子之一孟尝君就出生在五月初五。孟尝君和屈原是同时代人，生年不同，但卒年差不多，只相隔一年，由此也能看出端午在当时人风俗习惯中的印象。司马迁记载说：初，田婴有子四十余人。其贱妾有子名文，文以五月五日生。婴告其母曰："勿举也。"其母窃举生之。及长，其母因兄弟而见其子文于田婴。田婴怒其母曰："吾令若去此子，而敢生之，何也？"文顿首，因曰："君所以不举五月子者，何故？"婴曰："五月子者，长与户齐，将不利其父母。"文曰："人生受命于天乎？将受命于户邪？"婴默然。文曰："必受命于天，君何忧焉。必受命于户，则可高其户耳，谁能至者！"婴曰："子休矣。"

  我意译一下司马迁的记载：当初，田婴有四十多个儿子，他有一个地位卑微的小妾生了个儿子叫文，田文是五月五日出生的。田婴曾经跟小妾说过："用不着养活他。"可是田文的母亲偷偷地把他养活了。等他长大后，他母亲就想法通过田文的兄弟把田文引见给田婴。田婴见了后暴跳如雷，找到他母亲说："我让你把这个孩子扔了，你竟敢把他养活了，你想干什么？"田文的母亲还没回答，田文立即叩头大拜，反问田婴说："您不让养育五月生的孩子，又是什么原因？"田婴说："五月出生的孩子，会长到跟家里的大门一样高，会克父克母的。"田文说："人的命运是由上天给的呢？还是由家门给的呢？"田婴不作声。田文接着说："如果是由上天给的，您何必担心呢？如果是由家门给的，那么只要加高家门就可以了，谁还能长到那么高呢！"田婴无言以对就呵斥他："你不要说了！"

123

由此可见，我们文化里对端午日的重视非常久远。汉代的应劭虽然指出大家对端午日的看法是迷信，但他还是记述了那些"怪力乱神"。应劭在《风俗通义》记载五月初五的风俗时说："五月五日，以五彩丝系臂，名'长命缕'，一名'续命缕'，一名'辟兵缯'，一名'五色缕'，一名'朱索'，辟兵及鬼，命人不病温。"这种五彩丝线还有一个特别的名字叫作"游光"："题曰'游光'。游光，厉鬼也。知其名者无温疾。五彩，避五兵也。"《后汉书·礼仪志》还记载了当时人们以这种五彩丝缯装饰门户以避鬼祛邪："朱索五色印为门户饰，以难止恶气。"

据说，汉宣帝初生时，家人就给了他一面身毒国（今之印度）出产的小铜镜，人们相信小铜镜有照见鬼魅魂魄的神奇力量，因此将这面宝镜以五彩丝线穿系后缚在宣帝的腕上，用来给宣帝避邪祛灾。后来端午节在儿童手腕上缠缚五彩丝线以祈福的习俗，大概来源于此。但在手腕上缠五彩丝线并非我们文化的专利，在其他文化中其实也有这样的习俗，从这个事实来看，人类其实是人同此心、心同此理的。

汉代有名的唯物主义思想家王充也认为这种迷信荒诞不经，但他试图给予理性的解释："实说，世俗讳之，亦有缘也。夫正月岁始，五月盛阳。子以生，精炽热烈，厌胜父母。父母不堪，将受其患。传相放效，莫谓不然。有空讳之言，无实凶之效，世俗惑之，误非之甚也。"这段话的意思是，据实说来，世俗中忌讳的事，也是有所根据的。因为正月是一年的开始，五月是阳气最旺盛的时候，孩子在这种月份出生，精气旺盛热烈，压过了父母，父母经受不起，将会受到他的伤害。这种传说流传开来，没有人否定。只有空洞的忌讳说法，没有实际凶祸的证明，世人迷信它，误会得太厉害了。

其实，王充的解释过于学院派了，在民众眼里，夏日炎炎，昆虫四起，疾病易发，五月因此被称为恶月，五月五日被称为恶日。春秋时代，人们曾经比较赵衰、赵盾父子的不同，说他们执政给人的印象是，赵衰是冬日的太阳，赵盾是夏日的太阳。意思是赵衰让人觉得温暖，而赵盾辣手无情，让人有受煎熬的感受。

夏天给人的这种印象可以说是普遍的，王充自己也人云亦云过："太阳火气，常为毒螫，气热也。太阳之地，人民促急，促急之人，口舌为毒。故楚、越之人，促急捷疾，与人谈言，口唾射人，则人唇胎肿而为创。南郡极热之地，其人祝树树枯，唾鸟鸟坠。"意思是说，太阳之气就是火气，经常产生毒素，因为太阳之气太热了。在太阳常年照射的地区，民众的性情是很急躁的，急躁的人，口舌会产生毒素。所以湖南湖北、江浙一带的人性情急躁，不会慢条斯理，他们跟人说话，口沫横飞，一旦口水喷到别人身上，别人身上就会肿胀生疮。在南方极热之地，那里的人咒树，树就枯死；对鸟吐口唾沫，鸟就会摔下来。由此可见，我们思想家的理性也未能一以贯之。

迷信一旦大行其道就至于妖，但只要理性对待，人们仍能回归到正常的轨道上来。东汉时期的张奂曾到甘肃一带当太守："其俗多妖忌，凡二月、五月产子及与父母同月生者，悉杀之。奂示以义方，严加赏罚，风俗遂改，百姓生为立祠。"就是说，当地的风俗多妖怪禁忌，凡是二月、五月生的孩子以及与父母同月生的，都要杀掉。张奂就教育当地人要尽起做父母的责任，他赏罚严明，因此改变了当地的风俗，百姓为他立了生祠。

东晋末年刘裕手下的大将王镇恶也是五月五日出生。因为他出生于恶日，父母担心对自己不利，不想养他，但他的祖父、辅佐前秦苻坚的一代名臣王猛认为这个孩子不错，还举孟尝君的例子，说孟尝君也是恶日出生的，不但未给家里带来灾祸，后来还贵为齐国的相国。他的原话是："此非常儿，昔孟尝君恶月生而相齐，是儿亦将兴吾门矣！"这样才

花乱开

○平时总在忙碌，端午倒也清闲。兄弟相约到山前，不见还有思，相会却无言。——老树

【端午】

把这个孩子留了下来,并给他取名为"镇恶"。

二、夏日之阳

端午如此凶险,所以人们需要一系列仪式来驱邪避灾。需要"仲夏登高,顺阳在上",还需要"祛病防疫",如在门上悬挂菖蒲、艾叶等,人们认为经过菖、艾的洗礼,可以驱走疟疾,从而安全地度过这个多蚊的季节。我小时候,父母说过端午除了挂艾,还要在房门上挂镜子,喝雄黄酒,要在脸上手脚上擦雄黄,在额头上用雄黄酒画一"王"字,说是这样蛇就不敢惹,邪气也不会来了。后来发现资料中也有相似的说法,"清明插柳,端午插艾""端午不戴艾,死去变妖怪""喝了雄黄酒,百病远远丢"。而雄黄是一种有毒的矿物质,以毒攻毒,据说可以避毒虫危害。从节气时间来看端午习俗,可知先民应对生活的智慧。阳极而盛导致人们身体的血热,内外热感,带来了人们泛称为热毒的现象。夏天中暑,浑身乏力,或发烧发烫一类的身体表现,我们又称之为流火、丹毒。这个时候,人们本能地想要亲近水,戏水以达到水火既济的状态。所以,赛龙舟的习俗有非常深刻的道理,人们以在河水里集体竞赛的形式对抗夏天的高温天气,激起身体生理上的活力。

在上古中国，我们先民观察世界，曾经把天文历法总结到河图、洛书里，其中就有简明的十月历："天一生水，地六成之；地二生火，天七成之；天三生木，地八成之；地四生金，天九成之；天五生土，地十成之。"就是说，一月上天产生水气，到六月的雨季就要注意大地上洪水泛滥；二月大地产生火气，到七月流火，大地炎热，人们要提防中暑；三月产生木气，到八月大地上的树木会成材；四月大地产生金气，到九月水落石出，农闲的季节大家可以去找矿藏，或者找到好的石头垒起结实的院墙、猪圈；五月产生土气，到十月冬天大地会得到休养生息。

一年的注意事项和生计如此简明。那么夏至端午的时候，正是地六成水将来未来的月份，而天气正是生金、铄金流石的时候。所以，不仅大地，人们的身体也需要亲近水。据文献记载，春秋战国时代就有赛龙舟的习俗了；而在农村，直到今天，每到傍晚，农民朋友就会在院前洒水泼水，以降温纳凉。

在中医看来，血热伤阴，导致毛发早白。血热跟精神紧张、情志不畅有关。像屈原就说过，"登高吾不说兮，入下吾不能"，"抚情效志兮，冤屈而自抑"，这是真正的怀才不遇，上下不能，进退两难。"滔滔孟夏兮，草木莽莽"，夏天的景色如此美好，但在屈原眼里，"世溷浊莫吾知，人心不可谓兮"，"去故乡而就远兮，遵江夏以流亡"，"将运舟而下浮兮，上洞庭而下江"，"过夏首而西浮兮，顾龙门而不见"，"乘鄂渚而反顾兮，欸秋冬之绪风"，"登大坟以望远兮，聊以舒吾忧心"。我们印象里的屈原，是一个热血之人，是从愤青到愤老都"九死其犹未悔"的理想主义者。我们印象里的屈原，是一个清贵、高洁，在岁月磨洗里鬓发过早霜白的仁人志士。

有趣的是，端阳节纪念的历史人物，除了屈原，其他人也都是热血之人。介子推不用说了，血气上涌时宁愿抱树而死。曹娥不用说了，她像屈原一样号哭，在端午日像屈原一样投江而亡。最值得一提的是伍子胥，他"掘墓鞭尸"，以报父兄之仇，可谓热血冲动；他过昭关，一夜愁白了头，可谓血热之极；他视死如归，也在端午日被投入大江……可见，端午阳极血热，热血的人容易走向成仁取义之路。诚如《国际歌》所唱："满腔的热血已经沸腾，要为真理而斗争！"这个节气里出现的人物，都是有气节有操守的忠者、孝者、仁者、义者。

民众为什么要纪念屈原、曹娥、伍子胥们？因为他们在夏天的太阳面前，丝毫没有逃避、苟且。他们能够抗议，能够以死明志，他们是炎热如火世界里的清凉之水。我们只要知道后世诗人的纪实诗篇"大暑去酷吏，清风来故人"，就知道这端午恶月对人性的"烤"问和试炼了。

三、屈原们的意义

在这样的背景里讨论屈原的意义，可能仍是不够的。甚至当我们在说端午节的忠义时，不少人仍在批评甚至痛骂屈原，如说屈原忠君、屈原境界不高等等。这种理解是用后来人的观念去理解古人，对历史实在是一知半解。

无论如何，放眼中国的传统节日，纪念历史人物的节庆活动不少，祭黄帝、炎帝，祭司马迁，祭介子推，祭妈祖，等等，但在传统的四大节日里，或堪称全民性的纪念节日里，只有屈原享有独一无二的殊荣。研究中国文化的杨鹏先生为此说，这表明民俗民心，跟朝廷官方的正史，不是一个标准。

屈原是王族成员，才华横溢，他有机会了解王族传承下来的历史知识。研究者认为，屈原可能是王族的祭司。在屈原时代，狭隘的君臣观念或专制意识并未形成，屈原从未有后来的臣民所具有的爱国精神，他在精神方面是君王的导师，他从未觉得自己的爱国爱乡是臣民的爱,他不是楚王的臣仆,他是楚王的引路人。"乘骐骥以驰骋兮,来吾道夫先路!"

对屈原投水还需要再做解读。屈原的投水、伍子胥的赴死,在先秦时代,都不是消极的、被动的,而是一种积极的人生行为。当共同体出现几乎只有先知、清醒者才明了的大灾难时,先知、清醒者唯一能做的就是把自己献祭出来。用杨鹏的话说:"以自己为牺牲,把自己献祭给神,以平息神的愤怒,换来部族的平安与繁荣。"

在"举世皆浊而我独清,众人皆醉而我独醒"的时候,屈原承担自己的祭司责任,他要把自己献祭给"大水"之神。屈原是深知自己的使命的,所以他说过:"定心广志,余何畏惧兮?""知死不可让兮,愿勿爱兮。"

所以,在恶月恶日的酷烈荼毒人心的时候,有一些高洁之士不愿苟活,这不是被动的行为,而是积极主动地把自己锻炼成与日争煌的人性花实。就像屈原时代的铸剑师们,在铸剑不成之时,会向剑炉中奋身一跃,以自己的血与生命献祭。屈原们赴死,他们含污忍垢,主动接纳了时代和命运的残酷,因而为民众们纪念。老子说过:"受国之垢,是谓社稷主;受国不祥,是谓天下王。"

在这个意义上，现代中国的学术祭酒之一王国维先生以死明志，是比他的学术成就更为重大的行为。陈寅恪先生虽然明了王国维赴死的意义，但还没有看到从屈原到王国维这一条中国精神的线索。巧合的是，王国维死于1927年6月2日，距离端午节还有两天。

四、无上清凉

端午虽致热血，大部分人却热血耗尽转向漠然昏睡。端午源于夏至，属于芒种节气。"芒种夏至天，走路要人牵；牵的要人拉，拉的要人推。"民间说是"春困秋乏夏打盹"：夏日昼长夜短，夏夜燥热难耐，影响了睡眠质量，高温又使人体皮肤血管受热扩张，大量血液流入，这些都可使机体的消耗增大，出现疲乏的感觉，产生睡意，所以夏天容易打盹。据说，屈原看到了周围人都在打盹装醉装睡，"你永远无法叫醒一个装睡的人"，所以他愤愤然写下了千古名句："举世皆浊而我独清，众人皆醉而我独醒。"

唐人有诗说："少年佳节倍多情，老去谁知感慨生。不效艾符趋习俗，但祈蒲酒话升平。鬓丝日日添头白，榴锦年年照眼明。千载贤愚同瞬息，几人湮没几垂名。"这首诗几乎把端午的知识和习俗都写到了。端午已经成为联合国教科文组织在册的人类非物质文化遗产，对这一遗产的继承激活是当代人当仁不让的事。它跟节气时间的关联引发的生活应对，可能是历史之外更有现实意义的事，因为阳盛血热，是故古人明了，君子见水则悦，遇雨则吉，赛龙舟、吃粽子、放风筝等等，都有这种阴阳相济致中和的道理。现代人在此天气里，以开冷气、喝冷饮来应对，未必比古人那些应对更有效果。了解这些知识，有助于我们过一个有意义的端午节。

但在外国人眼里，中国人如此注重端午节，一定有特殊的原因。首先，在外国人看来，端午节前后的节日不算多，因此，重视这个节有利于民众动员，也利于把时间跨度非常大的民众习俗集中起来；其次，五月五日具有"战略性的位置"，它大致处于一年的中间位置。除跟夏至相近外，它相对独立，跟其他节日相距较远，它有成为重要节日的优势。有的外国学者甚至认为，中国人可能将端午当作夏季年一年的起点。以至于后来的夏至节、伏日祭祀的传统淡出社会公共领域时，这些节日的习俗都融合到端午节里去了。

端午节因此跟节气有关，更与气节有关。在自然气候和社会气候都酷热的时候，我们来过这样的节日，去划船、戏水，去纪念诗人、烈士，要在可得无上清凉。无论民间的习俗，还是先知和烈士们的献祭，阐发得最精准的也许是《华严经》里所说："盛暑炎毒，当愿众生：舍离众恼，一切皆尽。暑退凉初，当愿众生：证无上法，究竟清凉。"

夏至

○ 一年至盛,安居修心养身

人的身心一如毒龙，人们需要正定、正思维、正精进，『安禅制毒龙』。

一

在我们的印象里，传统中国的节日多在冬季和春秋期间，夏季似乎没什么节日。事实上，夏天是有节日的，除了大家熟知的端午节，还有一些失传的节日，如夏至、伏日祭等，这些节日的历史显然比端午节的更久远。只是到后来，它们的社会功能弱化，比如人们在夏至遵循阴阳观念而举行的各种仪式消失殆尽，一些习俗也加到了其他节日之中。

夏至是古人最早确立的四大节气（春分、夏至、秋分、冬至）之一。因夏至时期是农作物生长最快、病虫害和水旱灾害也最频繁的时期，为了禳灾避难，保佑五谷丰登，人们就在夏至日进行祭祖祀神一系列的活动。需要祖先保佑子孙，需要土地神保佑农作物的收获，需要水神管好雨水。祭祀的对象有祖先、土地神（或称地母）、水神等。由此慢慢形成了有关夏至过节的知识和习俗。

按照传统文化的阴阳观念，孤阴不生，独阳不长，阴阳二气需要平衡而不能严重失调。夏至期间阳气达到极盛，阴阳失调，需要人们加强阴的力量，改变阳盛阴衰的结构，达到阴阳调和，所以祭祀活动要扶阴抑阳。北方属阴，所以皇帝要到城外北郊祭地，天圆地方，所以北郊的祭坛要筑成方形，称为"方丘""方泽坛"。北京城的地坛，就是遵循了传统文化的观念建造的。

除了朝廷的祭祀，民间也有祭祀。《四民月令》中说："夏至之日，荐麦、鱼于祖祢，厥明祠冢。前期一日，馔具，斋，扫涤，如荐韭、卵。"这是祭祖。至于祭土地神，南方一些地区有祭田公、田婆的说法，把祭土地神进行得很家常。祭水神也有意思。北方多旱，则流行求雨，当雨水过多以后，人们又要利用巫术止雨。都江堰的修建者李冰的次子，即有名的二郎神，被一些地区当作水神。天旱了，请二郎神降雨；雨多了，请二郎神止雨放晴。

民间还衍生出很多生活习俗。夏至一阴生。汉代的《礼仪志》中记载说，在夏天，人们为应对阴气重生，要把葱、蒜一类的荤菜系上红绳，挂在门窗之上，用来防避害虫。在今天，仍能看到农村人甚至城里人把大蒜编织起来挂在门口。一般人以为这是为了取用方便，其实其中有着传统的影子。

○ 梅子黄时雨,细细落山前。竹下闲坐久,一一数青莲。——老树

【夏至】

夏至让先民们想到了毒辣的太阳、火热的天气，人们要想办法来驱邪。汉代人简化了程序，只是把红绳和五彩的桃印悬挂到门窗上来辟邪。当然，这一天还要禁止大量用火，至于烧炭的、打铁的、冶炼矿石的，都要停业，到立秋后才可以恢复营业。想来这一做法是因为人们觉得夏天本来就火大，不能再任由民间添柴加火了。为此，夏至这一天人们还要疏浚水井，使其洁净、清澈、甘洌，称为改水。其中就有阴阳调和的深意，也跟把冬至钻木取火称为改火遥相呼应。

事实上，在古人那里，夏至的风俗跟冬至的风俗有很多相似之处。皇帝要召集专家举行祭祀仪式，演奏音乐以促使阴阳二气相互转换："是故天子常以日冬夏至御前殿，合八能之士，陈八音。"一般人以为冬至日的习俗有称土炭、测日晷，但严格地说，古人并不在冬至测日晷，而是在夏至测量。有人以为把夏至作为一年的起始可能更为合理，但由于冬至一阳生，夏至一阴生，人们喜阳抑阴，一个是阳气渐长而阴气渐衰，一个是阴气渐长而阳气渐衰，故夏至并不为古人看好："冬至，阳气起，君道长，故贺。夏至，阴气起，君道衰，故不贺。"

尽管如此，夏至仍是一个值得过的节日。至今全国大部分地区流行的吃凉面、凉皮的习俗就是来自夏至。潘荣陛《帝京岁时纪胜》:"是日,家家俱食冷淘面,即俗说过水面是也……谚云:'冬至馄饨夏至面。'"民间说:"吃过夏至面,一天短一线。"之所以吃面(南方人会变出花样比如吃馄饨),也是因为夏至时新麦已经登场,吃面有尝新的意思。

这样一个大日子不只吃面,胡朴安在《仪征岁时记》中记载说,在夏至节,讲究的人家会"研豌豆粉,拌蔗霜为糕,馈遗亲戚,杂以桃杏花红各果品,谓食之不疰夏"。所谓"疰夏"就是暑热和体质虚弱导致的季节性病症。因为天气炎热,从精神到食欲都差多了,很多人在夏天会消瘦,即"枯夏"。人们开始忙里偷闲消夏,注意饮食补养。江南的节日饮食中有三鲜说法:地上三鲜为苋菜、蚕豆和杏仁;树上三鲜为樱桃、梅子和香椿;水中三鲜为海丝、鲥鱼和咸鸭蛋。

跟冬至后猫冬一样,人们在夏至后的消夏也有"九九歌",如清人杜文澜选著的《古谣谚》里就选有北京流行的消夏"九九歌":"一九和二九,扇子拿出篓;三九二十七,汗水湿了衣;四九三十六,房顶晒个透;五九四十五,乘凉莫入屋;六九五十四,早晚凉丝丝;七九六十三,夹被替被单;八九七十二,盖上薄棉被;九九八十一,准备过冬衣。"

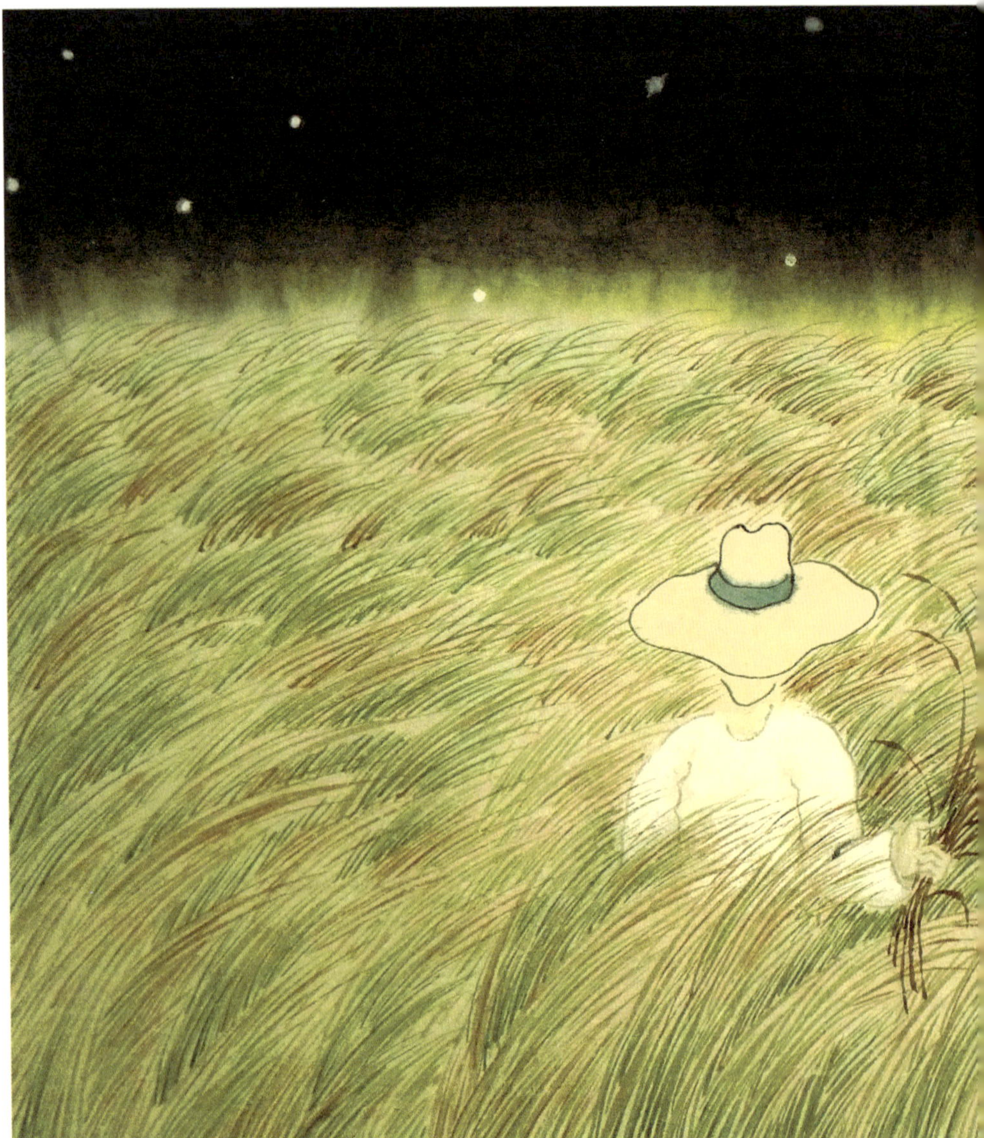

○ 世事总是无常，有时没了方向。索性放下一切，去个青草更青的地方。——老树

【夏至】

二

跟汉民族夏至期间"禁举大火"不同,其他民族在仲夏季节是大量用火的。比如凯尔特文化中的"圣约翰之夜"(6月24日),人们会围着堆堆篝火,翩然起舞,举着火炬穿过原野,在空地上滚动着火圈。这一活动据说是为了在阳气渐渐减弱时给太阳增加能量,跟"禁举大火"的侧重点有所不同。

我们中国的少数民族曾有十月太阳历的传统,如彝族、白族、哈尼族等民族都曾通用十月纪年。宁蒗彝族就通过观测太阳运行的方位定季节:当太阳的出、没达到最北点时为夏至,称为大年;当太阳的出、没达到最南点时为冬至,称为小年。峨山彝族则通过观测北斗星的方位定季节:北斗星的斗柄正上指为大暑,此时可过"火把节";北斗星的斗柄正下指为大寒,称星回节,此时可过十月年。而火把节也相当于年节。

我第一次到云南就赶上了火把节。在夏天的黄昏,看到家家门口都竖起小腿粗的松树干,不知道是怎么一回事。天刚入黑,就看到满城满村的火把。街道上,人们来来回回地观赏,看和被看,像是游行逛街,像是亲人,像是狂欢。后来夜深人静，我们回山上的客栈时，在公路上遇到有年轻人骑着摩托，举着火把，路过我们时，扔了一把灰尘一样的东西，立马砰的一下燃起了一团火，又迅速熄灭，但已经把人吓了一跳。我们只能看着摩托车上的两个年轻人哈哈大笑扬尘而去。后来知道，他们扔的那把东西，原来是松香。火把节有着比调理阴阳更丰富的意义：它有"以火色占农""持火照田以祈年""携照田塍，云可避虫"等含义。顾名思义，过火把节是要长出的谷穗像火把一样粗壮。人们祭火驱家中田中鬼邪，以保人畜平安。在节庆期间，人们点燃松木制成的火把，到村寨田间活动，边走边把松香撒向火把，照天祈年，除秽求吉；唱歌、跳舞，甚至赛马、斗牛、摔跤；有的地方也会举行盛大的篝火晚会，彻夜狂欢。自然，这也是社交或情人相会的好时机。这个节日因此被称为"东方的情人节""东方的狂欢节"。

跟夏至日或圣约翰之夜不同，火把节一般在农历的六月二十四，即阳历的 7 月下旬，有的年份会在 8 月。火把节也被称为第二个星回节。《礼记·月令·季冬之月》记载说："是月也，日穷于次，月穷于纪，星回于天，数将几终，岁且更始。"孔颖达解释说："谓二十八宿随天而行，每日虽周天一匝，早晚不同，至于此月，复其故处，与去年季冬早晚相似，故云星回于天。"大寒期间北极星下指称为第一次星回节，那么大暑期间北极星上指则是第二次星回。《禄劝县志》载："六月二十四日为火把节，亦谓星回节，夷人以此为度岁之日，犹汉人之星回于天除夕也。会饮至旬余不息，犹汉人之春宴相聚也。"《路南州志》(路南，今石林县)记载："六月二十四日夜，束薪为燎，以腥肉为牲，互相馈赠，谓之星回节，俗称火把节。"

明代的杨慎曾长期在夷族地区生活，他写过不少有关"火把节"的诗："忽见庭花折刺桐，故园珍树几然红。年年六月星回节，长在天涯客路中。""凉风却暑换秋清，滇国星回旧有名。巳把跳虫秉炎火，又驱白鸟静雷声。老夫病眼浑无睡，四壁鼾吟胜打更。"

当然，这并不能证明汉民族怕火。事实上，即使到汉代，夏至期间人们除了改水，也有改火的习俗。有名的《居延汉简》中有这么一条："御史大夫吉昧死言：丞相相上大常昌书言大史丞定言：元康五年五月二日壬子日夏至，宜寝兵。大官抒井，更水火，进鸣鸡，谒以闻，布当用者。臣谨案：比原泉御者，水衡抒大官御井，中二千石、二千石令官各抒别火。……官先夏至一日，以除燧取火，授中二千石、二千石官在长安、云阳者，其民皆受，以日至易故火，庚戌寝兵不听事尽甲寅五日。臣请布，臣昧死以闻。"

因为夏天阳气旺，中国的纪时纪数符号中，五通"午"，处于阳数的中心位置。十天干中的丙午与火相关；十二地支中的午意味着正南方，丙午纪日，表明这一天取得的火种最为旺盛。农历五月丙午这天取火的缘由不言而喻。取火的工具称为阳燧，即是金属光滑者。在一天正当中午时，把阳燧放到大太阳底下，上面放上艾绒，就可点燃取得火种。

我国初中生的《物理》书中有题：秦汉时代有没有用透镜取火？这是个长期争论的问题。《管子》中提到珠能取火："珠者，阴之阳也，故胜火。"《论衡》说："阳燧取火于天。五月丙午日中之时，消炼五石，铸以为器，磨砺生光，仰以向日，则火来至。"此处的阳燧仍为凹面镜，但消炼五石所制之器，则可能是透镜。《淮南万毕术》中记载了冰透镜取火："削冰令圆，举以向日，以艾承其影，则火生。"这是我国关于冰透镜取火的最早记载。课本中最后的问题是：请将上文中提到的取火方式分为两类。为什么可以用上述的方式取火？说出这两类取火方式的区别。

尽管初中教材做出了解答，但针对《论衡》提及的取火工具，仍存在争议。老外们也曾有过争论，劳佛以及伯希和认为是铜镜，佛尔克和李约瑟认为是凸透镜。无论如何，这说明汉民族也会玩火。至于西南少数民族千百年来过火把节,既跟历法有关,也跟他们先人曾经放火烧山、刀耕火种的生活有关。

三

夏至节习俗属于大众的生活方式。把对夏天的观察、思考引入生命体验的则是诗人和修行人。比如唐代诗人刘禹锡观察到夏天的天气是有意思的,因为夏至以后地面受热强烈,空气对流旺盛,午后至傍晚常易形成雷阵雨。雷阵雨骤来疾去,降雨范围小,农民说是"夏雨隔田坎"。刘禹锡在南方,熟悉这种天气,写出"东边日出西边雨,道是无晴却有晴"的著名诗句。

至于修行人,夏天的炎热潮湿容易让人心浮气躁,人的身心一如毒龙,人们需要正定、正思维、正精进,"安禅制毒龙"。这种在夏天的安居修行,又被称为夏安居、雨安居、坐夏、夏坐、结夏、九旬禁足、结制安居。

安居生活从印度传入。地处亚热带的印度,气候燠热多雨,夏天的雨季长达三个月,虫蚁繁殖迅速,草木生长繁茂,出家人为避免外出托钵行化时踩伤虫蚁与草木之新芽,招引世人讥嫌,规定在雨季里避免外出,聚居一处,安心修道,称为"结夏安居"。

虚云大师说过:"夏天路上多虫蚁,佛以慈悲为本,怕出门踏伤虫蚁,平常生草也不踏,夏天禁足是为了护生。又,夏日天热汗多,出外化饭,披衣汗流,有失威仪,故禁足不出。同时夏热,妇女穿衣不威仪,僧人化饭入舍亦不方便,所以要结夏安居。"

安居的地点并无一定,小屋、树下、山窟、聚落等处皆可。据《五分律》规定,不可在无救护处、冢间、空树、露地处等安居,恐毒蛇、虎豹之类的侵袭。安居时必须划定区域作为结界,僧众不必外出托钵,日常生活所需皆由信徒供养。若无重大事故,不可走出结界,应集中一处,精进禅坐修行。出家人的年岁计算,和俗人不同,或以夏计,过了几个夏,就说僧夏几多;或以冬计,过了多少冬,就说僧腊若干。

我们可以说,结夏的生活确实值得仿效。如非特殊情况,我们应该在夏天用心一处,这既调养了自己的身体,也整理了自己的心理。明代诗人有《结夏》诗:"未得向深谷,空林且暂依。自从草塞径,便不昼开扉。疏磬隔烟晚,凉云逗竹飞。相过平日客,谁复送令归。"

四

我们提到的十月历又叫火历，是许多远古先民都使用过的古老历法。它的来源，据说可以追溯到"炎黄"时代的炎帝。《管子·轻重戊》说："炎帝作，钻燧生火。"《左传·昭公十七年》说："炎帝氏以火纪（纪年），故为火师而火名。"《左传·哀公九年》说："炎帝为火师，姜姓其后也。"《淮南子·氾论训》说："炎帝作火，死而为灶。"《尸子》说："燧人上观辰星，下察五木，以为火。"唐代司马贞《三皇本纪》说："炎帝，神农氏，姜姓。……人身牛首，长于姜水，因以姓焉。"

炎帝发明了用火（钻燧生火），发明了火历（火师而火名），他是所有以羊（姜姓）、牛（人身牛首）、火（火师）为图腾和姓氏的部落先民的共同祖先（姜姓其后），是崇拜火神（死而为灶）的远古部落的共同祖先。有人推测火把节来源于对炎帝的祭祀，应该是一种合理的推论。

对汉民族来说，对炎帝的祭祀也曾是一个重要的节日。我们说过，传统中国人把小暑大暑叫作三伏天，有躲避的意思。但其实中国文化是不回避太阳的，即使伏天，中国人也有过伏日祭祀的传统，就是跟太阳沟通的仪式。夏至后的第三个庚日开始为初伏,第四个庚日开始为中伏,立秋后第一个庚日开始为末伏。伏日所祭,"其帝炎帝,其神祝融"。炎帝就是中国的太阳神,祝融是火神。先民以为炎帝让太阳发出了光和热,使五谷孕育生长,人类不愁衣食。人们感谢他的功德,便在最热的时候纪念他,因此就有了"伏日祭祀"的传统。

据史书记载,汉代名臣张良去世时,其后人在伏日和腊日都要在墓前举行祭祀。有人以为,伏祭是从秦国开始的,当时为了辟邪驱毒,会在都城的四个城门杀狗。这个做法延续下来,直到今天,一些地区仍在夏至期间吃狗肉过节。伏祭的"伏"字也跟狗相关。因为狗在夏天也无精打采,伸出舌头出汗,有些狗走向极端,发狂发病。直到今天,很多人仍相信狗最容易在热天发狂。何况古人,更害怕狂犬病、疯狗病传染。

到了汉代,伏祭成了一个社会性节日。有关东方朔的一个故事就是:"伏日,诏赐从官肉。大官丞日晏不来,朔独拔剑割肉,谓其同官曰:'伏日当蚤归,请受赐。'即怀肉去。"

由此可知,夏天的节日跟太阳、火相关。太阳崇拜是后来被遮蔽的一个中国传统,中国文化后来似乎对太阳敬而远之了。我小时候在农村生活,也是小孩子不怕太阳,而大人怕太阳。当年跟小伙伴们在大太阳底下玩,会有很多奇思妙想,比如把枯草放在石头上,用镜片反射太阳光,看着枯草慢慢变黑,最后冒烟燃烧。清代诗人肖雄在《西疆杂述》中说:"试将面饼贴之砖壁,少顷烙熟,烈日可畏。"农村孩子则会异想天开,把鸡蛋、瓜子等物放在大太阳底下以期晒熟。

太阳崇拜是一个被遮蔽的传统,它是被天和天子遮蔽的。在此之前,人们把生活、政治以太阳比喻,可见古人知道万物生长也好、人类生活也好,都靠太阳。曾经的流行歌曲唱的是,日出而作,日入而息。夏朝的时候,有一个老人骂说,时日曷丧,予及汝偕亡!春秋时代,有人比较晋国掌握行政大权的赵衰、赵盾父子,说赵衰是冬日之阳也,赵盾是夏日之阳也。对太阳的崇拜转向对人间人物的崇拜,这大概是汉民族伏日祭祀衰败的根本原因。汉民族似乎成了没有个性、没有欢歌笑语的民族。对比少数民族火把节的狂欢,汉民族的心性似乎被压伏了。

七夕

○ 情感交融的桥梁

我们的生活可以是浪漫的、美丽的，但需要我们每个人的努力，需要我们架起沟通的桥梁。

我们今天多半把七夕这样一个节日浪漫化、美丽化了。说到美丽，我们知道其中一定得有缺憾、得有悲剧。就像诗人所说，最美丽的最哀伤，我知道有些永生的歌只是呜咽。美丽总是跟爱情、悲情、哀情相关。这个浪漫美丽的行为就是为这个节日编了牛郎织女的故事，这也是我们中国民间的四大传说之一。

今天的人多知道七夕是情人节，是因为牛郎织女的故事。但很少有人知道，七夕是乞巧节，是乞求姑娘们也有一身好手艺的节日。从这一层面还衍生出其他意义，比如读书人拜魁星的节日，希望一举夺魁；七夕这一天还有晒衣晒书的意义。当然，这一层面主要在于乞巧，甘肃的西和县今天还有乞巧节。至于大文化层面，这一节日另有祭神仪式，估计知道的人更少了。有学者认为，七夕是父权社会出现之前的神话母题，是请神下凡又送神上天的仪式，乞巧的最初意思是向天神乞桥，乞求沟通的桥梁；启桥，启动沟通的桥梁，西和的乞巧节更多地属于这一层面。

因此，我想把牛郎织女的故事放在后面，先从文化大传统层面讲起，为什么在七七这一天会有乞桥的神话。

农历的七七这一天多半在阳历的8月上旬，在上古中国没有文字、结绳记事的时代，这一时间发生的事情及其意义是以《周易》符号卦来表示的。那个时候的人没有七这样的概念，没有八月这样的定时概念，他们的记事是以升卦、讼卦、困卦这几个卦象表示的。就是说，在每一年的8月上旬，会有瓜果农作物丰登的收获，会有因收获产生的纠纷、因纠纷而产生的困局……8月上旬是立秋前后，这个时候有夏天与秋天的争斗，有天向西北走水向东南走的争斗，这是天象与地象，人间现象则是繁荣之极的争夺。有农村生活经验的人知道，这个时候农村人会因为瓜果稻谷等的成熟而产生矛盾，像这个时候的天气一样，大家的火气很大，以至于打架，甚至发动村落、族群的战争。据历史记载，春秋时期，某年周天子首都的庄稼收获时，第一个登上春秋霸业舞台的郑国就派军队去抢先收割了。

中国古人对时间命名的精准让人佩服：升卦、讼卦、困卦，非常精准地表现了七七前后的吉凶变化。白天陷入人事的纠纷困局，人们就在晚上寻求突围解决之道，这种静夜寻找之道就是想象有天神能够主宰。趋吉避凶的办法就是请神下凡来体察人情，天神下来需要搭一座桥，就像夏天雨后的彩虹那样的虹桥。上古时代的玉器中有一种玉璜就是这样的桥，甲骨文的"虹"字也是双头龙虹桥，它们表示的就是天人沟通的意思。

有意思的是，七七的祭神仪式最早跟男人无关，是女人们的工作。当然我们也可以想象，白天是男人们跟人争斗，于是夜晚天然地属于女性，和平也好，走出困境也好，是女人们虔诚努力争取来的。据说西和县的乞巧节有搭天桥、制巧（制作纸质的巧娘娘偶像）、迎神、祭拜、供奉、请神附体的跳麻姐姐、反复占卜等习俗，是女性社会群体对女神祭拜的活动。有学者发现，把西和乞巧节仪礼和屈原的《九歌》以及湘西鄂西土家族傩祭仪式相比，其先请神下凡最后再送神回归天界的仪式结构几乎如出一辙。可见以乞桥的形式与天界沟通是我们中国文化的大传统，是我们先民对时间的把握和安排。换句话说，在文明的时间流逝中，在出现争斗、困境的时候，我们需要乞桥，以与世界沟通。

但一个文化大传统会向小传统转变，文字出现后，桥与巧相通。乞桥的请神仪式就转变为乞求心灵手巧的祈祷仪式。这就是从秦汉以来，中国民间流行的七七这一天的各种活动：穿针乞巧、投针验巧、吃巧果、拜织女……

【七夕】

天河浩浩汤汤,
分开织女牛郎。
虽然一年一见,
平时分居却想。

我劝天下情人,
不要总说很忙。
抽空或者请假,
经常一起逛逛。

或者直奔商店,
装作花钱大方。
或者七夕夜半,
散步荷塘边上。
抬头看见夜空,
一弯新鲜月亮。

——老树

民间的歌谣有这样的：乞手巧，乞貌巧；乞心通，乞颜容；乞我爹娘千百岁，乞我姊妹千万年。还有：天皇皇地皇皇，俺请七姐姐下天堂；不图你的针，不图你的线，光学你的七十二样好手段。

历史还在演变，汉代以后，中国历史进入了南北朝时期。那是一个文明坎陷、人性惨烈、充满苦难和罪恶的时代，那是一个上层精英、华夏男人衰弱的时代。文明和历史的悲剧过于深广，以至于在集体无意识层面，在民间寻找突破、解决之道。其中之一就是牛郎织女的故事。中国历史上的南北分裂，大致以秦岭、淮河一带为界，河南南阳、信阳，湖北襄阳等地是离乱之地，是变动最为剧烈的地方。牛郎织女的故事起源于南阳，这大概是源于衰弱的中国人对美好事物的向往。

牛郎织女的故事中，有美好的爱情，牛郎织女相爱；有完善的生活，他们生下了一对儿女；有悲剧，织女被迫离开，她和牛郎隔河相望……

我们看牛郎织女的故事，可以观察这样的结构。牛郎织女不是同类，牛郎是凡人，织女是仙女；其次，仙女很善良，她不嫌弃牛郎的身份；最后，他们的结合注定是悲剧，仙女总归要回到天上的，爱情只能在最美好的一刻永恒。

可以说，这个民间传说的神话故事几乎成了中国故事的某种母题。那就是穷书生也好，穷人也好，他们需要过上好日子，得有另类异类的女性来救助。从蒲松龄到今天的 Loser 文化，大概也都有这种集体无意识，有狐仙、有神女、有富贵人家的小姐来以身相许，他们才能得到解放。

今天大概可以说，牛郎织女虽然是民间传说，却有着我们民族的集体无意识，反映了我们民族的某种心理。你可以把牛郎解读成普通中国男人，也可以把牛郎解读成中国的某些部分，可以看到，这个中国、这个中国男人，自南北朝开始，就只能展示自己老实的一面，只能靠老牛来帮忙，只能无奈地乞求神灵。但也如这个故事所揭示的，外来的仙女，印度文明也好，西方文明也好，跟我们的结合是短暂的，我们很快仍会处于无处归依的状态。

从牛郎织女的故事里还可以看到，中国男人和女人的生命能量之不同。女性的生命能量旺盛于男人。我原来说，自宋朝之后，中国男人阳气不足，中国男人配不上中国女人。最近网上流传一篇《中国男人配不上中国女人》的文章。其实从牛郎织女的故事中，我们就可以看到，自南北朝时期，中国男人就已"Loser"化了。

其实,人类集体无意识中还有几种故事原型,比如王子与公主的故事,这个故事就有希望,有平等,这类故事在我们这里是少见的。再比如关于英雄的神话,这类神话在西方较多。其结构是,英雄离开当下的生活,离开故乡去探险,然后与女神相会,得到新的智慧和力量,然后英雄归来,赋予他的故土以新的意义。这类英雄神话,中国也有,但英雄神话在我们这里多是悲剧,比如夸父逐日、后羿射日。

如果从民间传说,从神话中看一个民族的心理,我们可以说,七夕的牛郎织女故事是中国民众对中国文明的一个判词。在文明停滞之际,民众会通过种种手段命名、编排、推动这个文明。牛郎织女故事背后的判词当然也简单化了,因为在后来,印度文明中的佛教文化终究跟我们相融合了,我们今天也多半乐观,很快西方文明也会融入我们的生活方式。就是说,中国人仍有强悍而坚忍的力量突破争斗的困局,活出新的样子。

当然,正面地看牛郎织女这个故事,我们必须说,牛郎之所以成为牛郎,并非他本身不够努力、不够聪明,而是他天命如此。用美国哲学家杜威的话说,中国男人、中国文明是"过度了",要解决这个过度的问题,必须依靠外力,必须寻找外来的救援。因此,中国历史上的"闭关锁国",今天一些人津津乐道的光荣孤立,都是有害的。即使用我们说的文化大传统的办法,要解决争斗、突破困境,我们也需要天神或天神一样的力量,我们需要桥梁,我们需要跨越、连通世界的桥梁。但遗憾的是,今天这道桥仍未建好,我们仍处于像牛郎和织女那样不时等待的状态。

因此,今天我们看待中国民众对文明的判断,对寻求文明突破的努力,可以通过七夕这个节日得到一些启示。七夕是中国的情人节,是关于男人和女人的故事,也是关于文明如何走出困局而新生的故事。我们的生活可以是浪漫的、美丽的,但需要我们每个人的努力,需要我们架起沟通的桥梁。

最后,跟大家分享一下有关牛郎织女的诗篇,毕竟七夕是情人节,让我们回到男欢女爱上来。牛郎织女首先作为天上的星宿而存在,《诗经·大东》中就有"跂彼织女""睆彼牵牛"的记载。《古诗十九首·迢迢牵牛星》中开始称牛郎织女为夫妻:

迢迢牵牛星,皎皎河汉女。

纤纤擢素手,札札弄机杼。
终日不成章,泣涕零如雨。
河汉清且浅,相去复几许。
盈盈一水间,脉脉不得语。

唐代诗人杜牧有两首写七夕的诗,其中之一说:

银烛秋光冷画屏,轻罗小扇扑流萤。
天阶夜色凉如水,坐看牵牛织女星。

还有白居易的诗:

七月七日长生殿,夜半无人私语时。
在天愿作比翼鸟,在地愿为连理枝。

中元

○ 为生命留有余地

文明的物质生活和技术进步让人越来越为所欲为，但这个世界还有游魂，有变局。我们敬畏鬼，即是敬畏变数，即是为我们的生命留有余地。

一

我们中国人大概都在小时候听过鬼的故事、传说和祭仪,幼小的身心似乎能够感知、呼应谜一样的鬼神。长大成人,在社会上打拼生活,反而对鬼无感。鬼神之说多是生活的装点、游戏、消费或寄托。其实这也是东西方人共同的特点。少儿期文化,人的生活跟鬼神相伴。青年期文化,对鬼神有思辨、理性探索和科学实证。成年期文化,心中无鬼,为所能为,鬼神只是背景。老年期文化,轮回、来世的观念和感受再度撞击我们的头脑和心灵。

虽然这些年也听过鬼的故事,十多年前读史时更是读到大量的怪力乱神故事,但真想到中国的鬼节,仍多浮现出小时候的情景。儿时的乡村不大,只有二十来户人家,坐西朝东,西面即村后是山坡,东面三四里路即是小河,一条村路纵穿南北,村民的活动半径就是自家、农田等几处地方,家门口村里的打谷场又叫道场,是村民谈天说地聊闲天的地

【中元】

立秋人间新月,
中元梦里故人。
心头自有敬畏,
不语怪力乱神。

——老树

方,道场东即是一口堰塘。这样小小的村落,是儿童"阔大的王国",具足着世界的丰富和神奇。

这个世界是黑白分明的。除了炎夏,人们的生活基本上是日出而作,日落而息。太阳落山,家家户户就基本闭门了。晚饭时,能听到两三人家喊孩子回家吃饭的声音。在屋里或自家院子里也能听见外面大人吓唬小孩的声音:"没听见你妈喊你回家吃饭吗?这么黑的天还在外贪玩,小心吊死鬼啊。"这类的话平时也听得多:"去玩水?那个堰塘里有几个淹死鬼正要找替身,你去正好送死。"

自记事时起,我就听说了村里有女人吊死,也有男人吊死,有小孩在堰塘里淹死,他们的鬼魂和冤魂仍在小树林里,在堰塘一角。我还看见了男人被电死,看见老人死亡的情景,参加或看人家出殡……

父亲带我参加各种仪式,下跪、磕头、烧纸钱,别人还礼。打纸钱,就是拿着木头刻成铜钱方圆样的小凿子,或就用铁圈也行,用榔头一下一下在纸上打。打纸时有讲究,最好是先人的后代,一定要男孩,所以我们打时,母亲和姐姐们最多在旁边看着;榔头则应该是木头的,打的钱印不要叠在一起。烧纸钱也有讲究,纸要黄草纸,纸钱要七八分一把把地叠好，天黑了再拿去烧，纸烧完了再走，等等。当然，给先人烧纸钱不限于节日，只要家里有大事，就可以去烧纸钱。印象中最后一次跟父亲去烧纸钱，是我考上大学，父亲带我到村后山坡上烧纸钱，嘴里念念有词，感谢祖宗保佑，祖坟冒了青烟，余家出了大学生。

到北京生活后，到了秋天，偶尔会看到晚上有人在胡同角落里背着人默不作声地烧纸钱，第二天看到小区路边上一小块一小块烧过纸钱的灰烬，恍然明白这两天是鬼节。但过节，尤其是过鬼节，意义何在呢？除了跟先人沟通，还有什么意义呢？真的，我们过传统节日，鬼节逐渐变得只具有商业、安慰祖宗亲人的意义，鬼神的世界跟我们现代生活渐行渐远。偶尔听人说，北京哪个地方闹鬼，换了几处业主都不行；哪个大学的竹林里鬼气重，每年都有大学生自杀；东岳庙一带地段虽好，但房价升幅不大，因为那里是鬼神宜居之地；等等，但这些个案的、偶然的生活事件并没有干扰我们正常的生活。

二

读文史作品，会知道我们中国文化和生活中的鬼为数不少。跟"鬼"字相关的汉字及其词语至少有四百个：酒鬼、赤发鬼、短命鬼、吸血鬼、懒鬼、黑鬼、死鬼、鬼笔、老鬼、小鬼、鬼子、鬼打墙、鬼主意、大头鬼、鬼脸、鬼怪、鬼魅、鬼火、鬼雄、鬼魂、鬼混、捣鬼、吝啬鬼、机灵鬼、鬼剃头、烟鬼、活见鬼、鬼点子、鬼把戏、鬼门关、心里有鬼、鬼鬼祟祟、鬼头鬼脑、鬼哭狼嚎、神出鬼没、牛鬼蛇神、鬼斧神工、妖魔鬼怪、鬼话连篇、鬼迷心窍、心怀鬼胎……

"鬼"的最早文字，在甲骨文中本是会意字，上面是可怕的脑袋，下面是"人"字，即像人的怪物。可以说甲骨文的"鬼"字之象，跟后来乃至当代人的画像、图像、影像记忆仍高度一致。我们的文化是重视鬼的，狭义的说法，人死为鬼；抽象的说法，"旧社会把人变成鬼，新社会把鬼变成人"；广义的说法，白天为申为神，夜晚为归为鬼。

在人性或文化的兴趣中，最吸引人的仍是狭义的世间存在，鬼生活在世间何处？答案是无处不在。因此，我们的文化也好，我们小时候也好，都对鬼有兴趣，都追问、谈论、记录鬼。最早关于我们文化中鬼的传说，在《国语》《墨子》等先秦著作中都有记载谈论，即杜伯鬼魂复仇的故事。杜伯为西周周宣王（公元前827—前782年在位）的大臣，后来惨遭宣王杀害。临死前，杜伯喊冤："吾君杀我而不辜，若以死者为无知，则止矣；若死而有知，不出三年，必使吾君知之！"到第三年，周宣王会合诸侯在圃田打猎。太阳正中时，杜伯果然乘坐白马素车，穿着红衣，拿着红弓，追赶周宣王，最后射中宣王的心脏，使他脊骨折断，倒伏在弓袋之上死去。

这类"白日闹鬼"或鬼魂参与人间的历史故事太多了。孔子说不语怪力乱神，但他其实说过，也梦过不少鬼神。《左传》虽然说"螭魅罔两，莫能逢之"，但书中记载了大量鬼故事，如晋景公梦见赵氏厉鬼、晋厉公鬼魂击中荀偃、公子彭生鬼魂化为野猪伤齐襄公等等。秦汉后两千年的中国文化里鬼的故事更蔚为大观，晋代的阮瞻的死据说跟鬼有关，王弼的死更是跟前辈学人郑玄的鬼魂有关。嵇康也有跟鬼打交道的经历。嵇康有一次晚上点灯读书，见到了鬼，他连忙一口气把灯吹灭，但他灭灯的原因并不是怕鬼，而是"耻与魑魅争光"。嵇康在夜里弹琴，忽听有鬼称好。原来这个鬼生前也是音乐爱好者，听到嵇康的琴音，"不觉心开神悟，恍若暂生"。只是人鬼殊途，形体又毁，不愿现身。嵇康安慰他"形骸之间，复何足计"，人鬼因此相谈甚欢，到分手时，鬼对嵇康说："相与虽一遇于今夕，可以远同千载，于此长绝。"

在现实世界无可言说的时候，明清的士子、作家甚至官员们除了写梦，就是写妖、写神、写鬼。纪晓岚等人都有记录鬼的故事。蒲松龄更有名著《聊斋志异》，郭沫若称赞说："写鬼写妖高人一等，刺贪刺虐入骨三分。"

到了现代，学者季羡林也亲历过"鬼魂附体"的事件。季先生年轻时在外读书不曾回家，听到母亲去世的消息赶回家乡送母亲入土，母亲的魂附到村里宁大婶身上。在季先生眼里：宁大婶坐在炕上，闭着眼睛，嘴里却不停地说着话，不是她说话，而是我母亲。一见我（毋宁说是一"听到"我，因为她没有睁眼），就抓住我的手，说："儿啊！你让娘想得好苦呀！离家八年，也不回来看看我。你知道，娘心里是什么滋味呀！"如此唠唠不休，说个不停……我对"母亲"说："娘啊！你不该来找宁大婶呀！你不该麻烦宁大婶呀！"……"母亲"连声说："是啊！是啊！我要走了。"

作家杨绛也经历过附体一类的事："钱锺书家曾租居无锡留芳声巷一个大宅子，据说是凶宅。他叔叔夜晚读书，看见一个鬼，就去打鬼，结果大病了一场。""我听到爸爸妈妈讲，我爷爷奶奶有一天黄昏后同在一起，两人同时看见了我的太公，两人同时失声说'爹爹喂'，但转眼就不见了。随后两人都大病，爷爷赶忙辞了官，携眷乘船回乡。下船后，我爷爷未及到家就咽了气。"杨绛还说她在干校时,听到村里人说"三年困难时期":"那时候饿死了不知多少人,村村都是死人多,活人少,阳气压不住阴气,快要饿死的人往往夜里附上了鬼,又哭又说。其实他们只剩一口气了,没力气说话了。可是附上了鬼,就又哭又说,都是新饿死的人,哭着诉苦。到天亮,附上鬼的人也多半死了。"

革命党人信奉唯物主义,曾将鬼神文化当作糟粕去除。毛泽东曾让何其芳等人编写《不怕鬼的故事》,干宝《搜神记》中著名的《宋定伯捉鬼》被收入初中语文课本。但恰恰在革命年代,民族的文化精英们被当作"牛鬼蛇神",成千上万的作家、记者、教授、科学家们,不是因为死后为鬼,而是因为成了鬼而死去。在经历了人生和国家的浩劫后,聂绀弩写下了"哀莫大于心不死,名曾羞与鬼争光"的名句。由此可见,鬼在我们的文化中的分量。

据说世界上有三大鬼节,即西方万圣节、墨西哥亡灵节、泰国鬼节,但我们中国的鬼节至少有四个,清明节、上巳节、中元节、下元节。我们还有一座鬼城——丰都,还有一个鬼月——农历七月。

清明节不用说了,民间即称其为"扫坟节""鬼节""冥节"。到时家家户户都要携带酒食果品、纸钱等物品到墓地，先稍微打扫亲人坟墓，在墓前供祭，将纸钱焚化，讲究一些还要为坟墓培上新土，最后是礼毕惜别。

过上巳节，汉民族的习惯是，"是月上巳，官民皆洁于东流水上，曰洗濯祓除，去宿垢疢，为大洁"，其中就有避免鬼沾边、过节要驱除厉鬼的功能。今天江南一些地区仍将每年农历三月三称为鬼节。据说这一天鬼魂出没，人们要在自家门前鸣放鞭炮，驱吓来鬼。

至于下元节为鬼节的说法不一。有的地区定十月初一为鬼节，有的地区定十月十五为鬼节。考察这一鬼节，可以说是我们文化中人情的表示。农历十月是冬天的第一个月，气候变冷，人们担心逝者的灵魂缺吃少穿，因此去祭奠亡魂时除了食物、香烛、纸钱等一般供品，还要供上冥衣。人们把冥衣焚化给逝者，叫作"送寒衣"。

相比较中元节的鬼节，以上三个鬼节的节日意义要复杂一些。中元节作为鬼节更为纯粹，因为七月在中国文化视野里就是鬼月。据说每年七月初一起冥府大门开放，那些终年被禁锢在地狱的冤魂厉鬼会到人间旅行一月，到处游荡，七月因此被称为鬼月，对人间生活而言，鬼月不吉，这个月既不宜嫁娶，也不宜搬家。而每年农历七月十五日，就是"鬼节"中元。

三

在我个人的记忆里，鬼节就是指农历七月十五日。少年时听母亲和姐姐说，七月半，烧纸钱，鬼门关。姐姐还说过七月十五要放纸船，船上有蜡烛，超度亡魂。后来明白这是民间"放河灯"的习俗。作家萧红在《呼兰河传》中说："七月十五是个鬼节，死了的冤魂怨鬼，不得脱生，缠绵在地狱里边是非常苦的，想脱生，又找不着路。这一天若是每个鬼托着一个河灯，就可得以脱生。"

在古典文学名著里，更能看到中元鬼节跟中国生活的关联。中国人把鬼节过得极为庄重，有人认为鬼节也有西方万圣节那种人鬼无间、既庄严又游戏狂欢的意趣，但真要说来，我们是庄敬有余，狂欢不足的。我们的狂欢也只是人群扎堆或合群的热闹，如明代作家张岱的名文《西湖七月半》所写的那样："西湖七月半，一无可看，止可看看七月半之人。看七月半之人，以五类看之：其一，楼船箫鼓，峨冠盛筵，灯火优傒，声光相乱，名为看月而实不见月者，看之。其一，亦船亦楼，名娃闺秀，携及童娈，笑啼杂之，环坐露台,左右盼望,身在月下而实不看月者,看之。其一,亦船亦声歌,名妓闲僧,浅斟低唱,弱管轻丝,竹肉相发,亦在月下,亦看月而欲人看其看月者,看之。其一,不舟不车,不衫不帻,酒醉饭饱,呼群三五,跻入人丛,昭庆、断桥,嚣呼嘈杂,装假醉,唱无腔曲,月亦看,看月者亦看,不看月者亦看,而实无一看者,看之。其一,小船轻幌,净几暖炉,茶铛旋煮,素瓷静递,好友佳人,邀月同坐,或匿影树下,或逃嚣里湖,看月而人不见其看月之态,亦不作意看月者,看之。"

在《儒林外史》的作者吴敬梓眼中,南京秦淮河的中元节是这样的:"转眼长夏已过,又是新秋,清风戒寒,那秦淮河另是一番景致。满城的人都叫了船,请了大和尚在船上悬挂佛像,铺设经坛,从西水关起,一路施食到进香河。十里之内,降真香烧的有如烟雾溟蒙,那鼓钹梵呗之声,不绝于耳。到晚,做的极精致的莲花灯,点起来浮在水面上。又有极大的法船,照依佛家中元地狱赦罪之说,超度这些孤魂升天,把一个南京秦淮河,变作西域天竺国。"

明清之际的通俗小说《醒世姻缘传》中描述的中元节是这样的:"这七月十五日是中元圣节、地官大帝的生辰,这老侯、老张又敛了人家布施,除克落了,剩的在那三官庙里打三昼夜兰盆大醮，十五日夜里在白云湖内放一千盏河灯。不惟哄得那本村的妇女个个出头露面，就是那一二十里外的邻庄，都挈男拖女来观胜会。"

在《水浒传》中，中元节则是改变梁山好汉命运的一天，奠定了"梁山集团的发展命运"。第四十回"梁山泊好汉劫法场　白龙庙英雄小聚义"中说到宋江、戴宗在江州遭厄，即将被执行死刑，结果当案却是黄孔目，本人与戴宗颇好，却无缘便救他，只替他叫得苦。当日禀道："明日是个国家忌日，后日又是七月十五日中元之节，皆不可行刑。大后日亦是国家景命。直待五日后，方可施行。"这样一个中元节给宋江提供了宝贵的五天时间，给梁山好汉们做好劫刑场的准备，宋江终得活命。

四

由此可见中元节当仁不让的地位。明清以来随着民族文化理性成分的增长，鬼魂除魅，不再神秘恐怖，而是真正成为人们生活的伴侣，成为人们生活中校正反思的参照。现代中国年轻的革命党人林觉民在名文《与妻书》中说："吾作此书时，尚是世中一人；汝看此书时，吾已成为阴间一鬼。"可见鬼是我们存在的一种形式。

【中元】

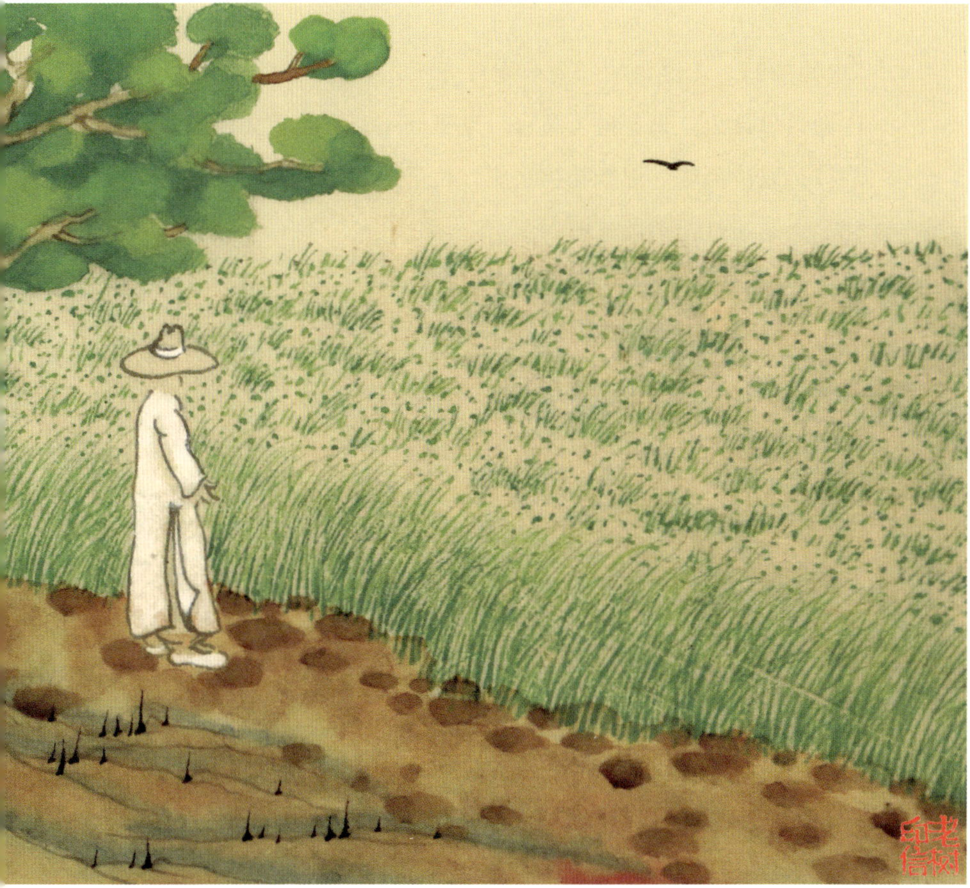

潘荣陛的《帝京岁时纪胜》记载了清初北京的中元节："中元祭扫，尤胜清明。……庵观寺院，设盂兰会，传为目连僧救母日也。街巷搭苫高台、鬼王棚座，看演经文，施放焰口，以济孤魂。锦纸扎糊法船，长至七八十尺者，临池焚化。点燃河灯，谓以慈航普渡。"

《红楼梦》中林黛玉有在鬼月鬼节的"五美吟"，这可算是作者笔下时人祭祀不仅纪念宗亲，也在纪念一切可追怀古人的证明。林黛玉"曾见古史中有才色的女子，终身遭际令人可欣、可羡、可悲、可叹者甚多，……胡乱凑几首诗，以寄感慨"，其一西施："一代倾城逐浪花，吴宫空自忆儿家。效颦莫笑东村女，头白溪边尚浣纱。"其二虞姬："肠断乌骓夜啸风，虞兮幽恨对重瞳。黥彭甘受他年醢，饮剑何如楚帐中？"其三昭君："绝艳惊人出汉宫，红颜命薄古今同。君王纵使轻颜色，予夺权何畀画工？"其四绿珠："瓦砾明珠一例抛，何曾石尉重娇娆？都缘顽福前生造，更有同归慰寂寥。"其五红拂："长揖雄谈态自殊，美人巨眼识穷途。尸居余气杨公幕，岂得羁縻女丈夫？"

《浮生六记》中则有"闺房记乐"："七月望，俗谓之鬼节，芸备小酌，拟邀月畅饮。夜忽阴云如晦，芸愀然曰：'妾能与君白头偕老，月轮当出。'余亦索然。但见隔岸萤光,明灭万点,梳织于柳堤蓼渚间。余与芸联句以遣闷怀,而两韵之后,逾联逾纵,想入非夷,随口乱道。芸已漱涎涕泪,笑倒余怀,不能成声矣。觉其鬓边茉莉浓香扑鼻,因拍其背,以他词解之曰:'想古人以茉莉形色如珠,故供助妆压鬓,不知此花必沾油头粉面之气,其香更可爱,所供佛手当退三舍矣。'芸乃止笑曰:'佛手乃香中君子,只在有意无意间;茉莉是香中小人,故须借人之势,其香也如胁肩谄笑。'余曰:'卿何远君子而近小人?'芸曰:'我笑君子爱小人耳。'正话间,漏已三滴,渐见风扫云开,一轮涌出,乃大喜,倚窗对酌。"

我个人后来也有不少跟鬼魂有关的经历。在云南大理生活时,诗人老威多次跟我倾心长谈。有一次,我秋后从北京到大理,和老威见面后一起去爬苍山。在路上,他突然跟我说:"你知道我对苍山了如指掌,上山下山不知多少次了,但前不久的鬼节那才叫遇见鬼了。"原来老威在七月半那天的黄昏一如往常地上山,下山时月亮高高地挂在天边,但他在茂密的山林间下山,居然失常地迷路了,他转来转去,有半小时以上的时间望着圆月和东边的洱海就是下不了山,烦躁异常。直到最后,圆月偏西,山下大理古城的鼎沸人声渐渐安静下来,他才找到下山的路。回到客栈,已经是深更半夜。用他的话说,就是在鬼节遇到"鬼打墙"了。

我在大理也曾思虑过鬼魂的意义。《在弥渡游思》中有这样一段："到了太极顶的新顶，我们就此止步。新顶跟老顶隔一普陀峰。老顶的建筑年代早些，新顶的建筑落成相对较晚。新顶共七座建筑，外加三个石窟。太极多风，转石阁尤甚。'转石阁转三圈走，寿岁活到九十九。'据说转三圈会有好运的，但贴着转石阁走上一圈也需要勇气，三面都是悬崖，人必须贴着阁墙小步移动。悬崖、轻雾、冷风、心紧。很有意思。新顶很宽敞，据说这里就是当地人朝山踏歌的地方。我见过彝族人朝山的情景，那真是他们一年辛劳的回报、感恩、祈福、朝圣，是他们歌于斯、舞于斯、聚族人于斯的地方。新顶的石窟，有祭忠烈的，也有祭天地山川游魂的，让人感动于人民对天地大德的体贴用心。那些游魂在这里有福了。想起自己，年过不惑，却如孤魂野鬼，那么也只能在这样的地方得到天地人民的眷顾了。"

五

我在前文说过，鬼魂文化是少年期的特长，青年期怀疑、思辨，成年期理性、唯物、证伪，等等。但是，人真能在成长过程中摆脱鬼魂吗？或者说人应该在成长过程中摆脱鬼魂吗？从历史和现实的经验中，对此类问题我们未必能轻下断言。直到如今，究竟有无鬼魂仍是孩子乃至科学和文明探究的一大问题。

鬼魂如影随形。是以我中国文化在原创突破时期就明白，在生命的存在实感之外，存在着不可思议的隐形能量或力量。我在云南生活时，就有道门中人一再提醒我感知凉气与阴气的区别。凉气有爽身的功效，阴气却能让一个强壮健康的人感到不舒服甚至毛骨悚然。那么什么是阴气？是尸骨的气息，是能量紊乱得可以干扰人的身体发肤和心智的东西。

古人说："鬼者，归也。"古人还说："众生必死，死必归土，此之谓鬼。骨肉毙于下，阴为野土。其气发扬于上为昭明。"农历七月，正是秋收之归，阳气也归敛。故农历七月称鬼月，七月半称鬼节恰如其分。但有归魂，必然也有游魂。先秦时期结集为中国文化群经之首的《易经》和成于战国时期的《易传》中多次说过鬼，"载鬼一车"，"精气为物，游魂为变"。自汉代开始，中国文化中测算天地人事的工具——卦，就把游魂卦和归魂卦放在一个重要的位置。先哲明确："逢游魂卦，我欲长久之事而不能长久。"我们因此可知，鬼节祭鬼，不仅是对归属冥府的鬼魂的祭奠，也是对仍在天地间或跑到人世间游荡的魂魄的祭奠。

古人一定深信在生命之外，天地间仍有不可知的力量，包括死去的亲人和他人，仍以鬼魂亡灵的形式左右人间。人们必须有某种仪式，有习俗来跟他们沟通，才能保证自己在人间的正常生活，否则，自己的生活和百年人生也一定会受干扰影响。这大概是鬼节的习俗传承下来的原因之一。

正是在这个意义上，我们最伟大的圣贤之一墨子在其名篇《明鬼》中说："是以天下乱。此其故何以然也？则皆以疑惑鬼神之有与无之别，不明乎鬼神之能赏贤而罚暴也。"墨子的研究者为此说，墨子"明鬼"有着极为积极的意义，因为"（明鬼）以平民之信仰来增其勇气"。就是说，鬼神的存在给了民众信心，让他们敢于直面压迫，敢于反抗，敢于变革。"举头三尺有神明"，"人在做，天在看"。

鬼神的存在支撑了人类的因果。蒙恬死前醒悟："我的罪过本该受死啦，起临洮，到辽东筑长城，挖沟渠一万余里，其间不可能没挖断地脉，这便是我的罪过呀！"白起死前醒悟："我本来就该死。长平之战，赵军降卒几十万人，我用欺骗的手段把他们全部活埋了，这就足够死罪了！"尽管悔之晚矣，但他们都明白鬼魂的真实不虚。史书大量记载了游魂的存在："宋后家属，并以无辜委骸横尸，不得收葬，疫疠之来，皆由于此。宜敕收拾，以安游魂。"直到今天，城市生活已经摩登现代，我们仍能看到网友们评出的"本市十大闹鬼区"等鬼魂出没频繁地带，火葬场附近等地交通事故更多也是一个没有公开的常识。

如果一个时代、一个社会、一个地区的鬼魂太多，不得安宁，生活在其中的人们一定深受其害。即使人们有梦，有长久的愿望，但如游魂卦所说："我欲长久之事而不能长久。"

我们相信，中国鬼节，尤其是七月半鬼节的习俗，有着极为重要的天地消息。鬼月正是阳历的8月中下旬到9月初，在大时间序列里，这正是易卦的讼卦、困卦、未济卦、解卦、涣卦的时空。如果我们不谈这些卦具体的含义，仅从鬼与人的关系而言，即可知人们祭奠鬼魂，是因为有纠缠不清的讼义，有生存遇到麻烦的困义，有难完成的未济义，有希望跟鬼魂交流沟通的和解之义，有灾难去除焕然一新的涣义。如果死者、文化精英、思想灵性都被称为鬼，那我们确实应该跟鬼交流，我们确实应该有所敬畏。文明的物质生活和技术进步让人越来越为所欲为，但这个世界还有游魂，有变局。我们敬畏鬼，即是敬畏变数，即是为我们的生命留有余地。

中秋

○ 小康生活的圆满

农业之丰收有粮食满仓为证,人之丰收应以亲人团圆为证,中秋节即天人相证。

一

　　根据历法，农历八月在秋季中间，为秋季的第二个月，称为"仲秋"，而八月十五又在"仲秋"之中，所以称"中秋"。几乎每个中国人，少年时期都学习过几首有关中秋的诗词，"海上生明月，天涯共此时"，"露从今夜白，月是故乡明"，"明月几时有，把酒问青天……但愿人长久，千里共婵娟"……成年后，又在一次一次的节日气氛中温习诗词的意蕴。

　　跟其他的传统佳节一样，中秋节是说不尽的。其起源已经模糊不清，有说是帝王祭祀，《礼记》上记载的"天子春朝日，秋夕月"，夕月就是祭月亮，拜月的习俗演变下来，文人雅士和民间竞相仿效，成了一个节日；还有一说是跟农业生产有关，农民为庆祝丰收，选在这样的月圆之夜，以报答天地日月之恩……

【中秋】

此身耻搁在红尘,
每逢佳节倍思亲。
电话问候老父母,
不能身边尽孝心。
人生何时得周全,
天下哪里觅知音。
可怜一轮天上月,
阴晴圆缺到如今。

——老树

这些说法都有道理。传统节日是在历史的发展中积淀而来的，几乎没有哪一个节日只有单一的来源或原因。但中秋节最大的意义在于，这一节日以月之圆兆人之团圆，从而家人团圆乃是过节最为重要的内容。其象征附加义，如祈盼丰收、幸福，思念故乡、思念亲人等，都是跟团圆相关。或者说，农业之丰收有粮食满仓为证，人之丰收应以亲人团圆为证，中秋节即天人相证。

人们过中秋的习俗，祭月、赏月、拜月、吃月饼、赏桂花、饮桂花酒等，说到底是与圆月相互印证。人的大团圆或我们中国人的大团圆的"集体无意识"，有着悠久的历史。尽管文人哲人一再告诫说，"曲则全"，"此事古难全"，缺憾是一种美，但我们中国人固执地把大团圆当作戏曲乃至人生的目的，甚至把团圆之梦想做得世俗，说出了"宁做太平犬，不做乱世人"的话。其中一定有现实的原因。

那是因为我们中国人长期生活在战乱、流离失所之中。历史学家统计，历史上只有两次较长的和平期，一次是公元前14年至公元3年，另一次是公元870年至875年。但这两次的头尾年份仍都发生了战争。冷兵器时代的战争还有一个特点：多选择在秋天开战。传统的说法是春耕秋战。现代史上的军阀孙传芳也有名言，秋高马肥，正好作战消遣。

在大时间序列里，农历的秋八月正是师卦时空。既是农事收获的时空，却也是军事吃紧、进入战争状态的时空。如果是大收获，天遂人愿，风调雨顺，农作物得到大丰收，人们需要防范异族人来抢劫，需要战争般地动员民众来抢收；人们也有条件考虑对外征伐，给曾经欺侮凌辱自己的敌人一个说法。如果是收成不好，歉收无收，灾难和社会矛盾加剧，穷者被逼无奈，铤而走险，揭竿而起，逼上梁山。先哲充分感觉到了这一时空的肃杀、金收而刀割、凉意和战争状态，故有师卦之命名，并系辞说，"君子以容民畜众"，翻译成现代白话就是，大人君子应该让民众有喘口气的机会。

我们因此能够想象，在古人那里，中秋月圆之际，许多父子、夫妻的分离状态。战场上的将士在思念家乡，家乡的亲人在思念远方的游子、役者、劳者、商贾……中秋月圆，正好检验着个人家族的团圆平安。只有如此，我们才能理解历史上那些乱离诗篇，中秋的思亲诗篇。我们中国人才会将中秋节过得诗情画意，过得热烈、痴著。

二

在传统文学作品里看古人过中秋非常有意思。

我们中国人耳熟能详的诸葛亮即是在中秋之夜祭祀,为自己延年益寿而不得。《三国演义》中说:时值八月中秋,是夜银河耿耿,玉露零零,旌旗不动,刁斗无声。姜维在帐外引四十九人守护。孔明自于帐中设香花祭物,地上分布七盏大灯,外布四十九盏小灯,内安本命灯一盏。孔明拜祝曰:"亮生于乱世,甘老林泉;承昭烈皇帝三顾之恩,托孤之重,不敢不竭犬马之劳,誓讨国贼。不意将星欲坠,阳寿将终。谨书尺素,上告穹苍:伏望天慈,俯垂鉴听,曲延臣算,使得上报君恩,下救民命,克复旧物,永延汉祀。非敢妄祈,实由情切。"拜祝毕,就帐中俯伏待旦。次日,扶病理事,吐血不止。日则计议军机,夜则步罡踏斗。

却说司马懿在营中坚守,忽一夜仰观天文,大喜,谓夏侯霸曰:"吾见将星失位,孔明必然有病,不久便死。你可引一千军去五丈原哨探。若蜀人攘乱,不出接战,孔明必然患病矣。吾当乘势击之。"霸引兵而去。孔明在帐中祈禳已及六夜,见主灯明亮,心中甚喜(到底不能如佛家洒脱)。姜维入帐,正见孔明披发仗剑,踏罡步斗,压镇将星(姜维脱岗)。忽听得寨外呐喊,方欲令人出问,魏延飞步入告曰:"魏兵至矣!"延脚步急,竟将主灯扑灭(魏延意外惹祸)。孔明弃剑而叹曰:"死生有命,不可得而禳也!"魏延惶恐,伏地请罪;姜维忿怒,拔剑欲杀魏延。

这是《三国演义》中唯一提及中秋的地方。这一故事不仅印证了前面有关师卦的猜想，也说明了中国人对月亮的崇拜。诸葛亮选择在中秋之夜禳星拜月，希望月亮能让本命星更亮一些，亮得更长一些。但诸葛亮终究没能逃脱宿命。

《水浒传》中的中秋夜虽无战事，却同样惊心动魄。第一次中秋："午夜初长，黄昏已半，一轮月挂如银。冰盘如昼，赏玩正宜人。清影十分圆满，桂花玉兔交馨。帘栊高卷，金杯频劝酒，欢笑贺升平。年年当此节，酩酊醉醺醺。莫辞终夕饮，银汉露华新。……但见：桂花离海峤，云叶散天衢。彩霞照万里如银，素魄映千山似水。……影横旷野，惊独宿之乌鸦；光射平湖，照双栖之鸿雁。冰轮展出三千里，玉兔平吞四百州。"这是史进血战前的短暂欢乐。紧接着，在中秋之夜，史进火烧了史家庄，打死了许多官兵，从一个乡村富二代沦落成了亡命之徒。

第二次中秋："玉露泠泠，金风淅淅。井畔梧桐落叶，池中菡萏成房。新雁初鸣，南楼上动人愁惨。寒蛩韵急，旅馆中孤客忧怀。舞风杨柳半摧残，带雨芙蓉逞妖艳。秋色平分催节序，月轮端正照山河。"这是武松跟张都监过中秋，欢乐易短，人生原来有翻脸、阴谋、陷害、杀人、上梁山。

第三次中秋，是晁盖于中秋时节，派赤发鬼刘唐，带着一百两黄金和一封书信，找宋江报恩。他们见面的时候："天色昏黄，是八月半天气，月轮上来。宋江携住刘唐的手，分付道：'贤弟保重，再不可来。此间做公的多，不是耍处。我更不远送，只此相别。'刘唐见月色明朗，拽开脚步，望西路便走，连夜回梁山泊来。"但这报恩也招来灾祸，因为晁盖的书信，宋江杀了阎婆惜，也上了梁山。

第四次中秋，是卢俊义离开梁山回家。卢员外直喝得二目发直，四肢发软。眼看中秋将至，卢员外终于又鼓起勇气向宋江辞行。"一别家山岁月赊，寸心无日不思家。此身恨不生双翼，欲借天风过水涯。"结果这一中秋之夜使卢俊义家破人亡，义无反顾地走向梁山。

第五次中秋，花和尚鲁智深擒了方腊以后，不愿回朝廷领功，就留在了杭州六和寺。是夜，月白风清，水天共碧。（鲁智深与武松）二人正在僧房里睡。至半夜，忽听得江上潮声雷响。寺内众僧，推开窗，指着那潮头，叫鲁智深看，说道："这潮信日夜两番来，并不违时刻。今朝是八月十五日，合当三更子时潮来。因不失信，为之潮信。"鲁智深顿时参透"听潮而圆，见信而寂"的偈言，在六和寺圆寂。

《红楼梦》中的中秋夜多有悲意。虽然开篇有贾雨村在中秋夜得到甄士隐的资助,参加科举考试,但幸运之后即有厄运。到第七十五回《开夜宴异兆发悲音　赏中秋新词得佳谶》更是写明"悲凉之雾,遍被华林",贾府男女老少一起赏月,这次中秋家宴却暗含萧条之气。原本寓意大团圆的圆桌只坐了半壁,还有半壁空着。用贾母的话来说:"常日倒还不觉人少,今日看来,还是咱们的人也甚少,算不得甚么。想当年过的日子,到今夜男女三四十个,何等热闹。今日就这样,太少了。待要再叫几个来,他们都是有父母的,家里去应景不好来的。"脂砚斋评点:"未饮先感人丁,总是将散之兆。"到第七十六回,大家听曲赏桂花:"只听桂花阴里,呜呜咽咽,袅袅悠悠,又发出一缕笛音来,果真比先前越发凄凉。大家都寂然而坐,夜静月明,且笛声悲怨。贾母年老带酒之人,听此声音,不免有触于心,禁不住堕下泪来。众人彼此都不禁有凄凉寂寞之感,半日,方知贾母伤感,才忙转身陪笑,发语解释。又命暖酒,且住了笛。"林黛玉见人家团圆,独自伤感。史湘云安慰林黛玉,约她去山下联句吟诗:"这山上赏月虽好,终不及近水赏月更妙。"二人到了水边,你一句我一句地吟起诗来。一只暗影中惊飞的白鹤,使史湘云吟出佳句"寒塘渡鹤影"。林黛玉也不甘示弱,对上一句"冷月葬花魂"。湘云拍手叫绝:"果然好极!非此不能对。好个'葬花魂'!"因又叹道:"诗固新奇，只是太颓丧了些。你现病着，不该作此过于清奇诡谲之语。"

至于《西游记》中的中秋夜同样是悲剧，宝象国的百花羞公主就是中秋夜被黄袍怪抢走，后来给父亲写信："十三年前八月十五日良夜佳辰，蒙父王恩旨着各宫排宴，赏玩月华，共乐清霄盛会。正欢娱之间，不觉一阵香风，闪出个金睛蓝面青发魔王，将女擒住。驾祥光，直带至半野山中无人处，难分难辨，被妖倚强，霸占为妻。是以无奈挨了一十三年，产下两个妖儿，尽是妖魔之种。论此真是败坏人伦，有伤风化，不当传书玷辱。但恐女死之后，不显分明。正含怨思忆父母，不期唐朝圣僧，亦被魔王擒住。是女滴泪修书，大胆放脱，特托寄此片楮，以表寸心。"

三

总的说来，诞生于古代中国晚期的四大名著以及其他文学著作，对中秋之夜的记录多自觉不自觉地流露出了悲剧的底色。中秋、收敛、衰亡、悲情等，在一个共同体发展的后期几乎是高度统一。没有新生力量的加入，共同体只能无可挽回地走向末路：眼看他起朱楼，眼看他宴宾客，眼看他楼塌了……

到了现代，作家笔下的中秋多近民生民情，跟古典作品中的中秋大不相同。

老舍在《四世同堂》中写道："中秋前后是北平最美丽的时候。天气正好不冷不热，昼夜的长短也划分得平匀……同时，那文化过熟的北平人，从一入八月就准备给亲友们送节礼了。街上的铺店用各式的酒瓶，各种馅子的月饼，把自己打扮得像鲜艳的新娘子；就是那不卖礼品的铺户也要凑个热闹，挂起秋节大减价的绸条，迎接北平之秋。北平之秋就是人间的天堂，也许比天堂更繁荣一点呢！"

丰子恺笔下的中秋是属于年轻人的："记得有一年，我在上海过中秋。晚饭后，皓月当空。我同几个朋友到马路上去散步，看见了上海中秋之夜的形形色色，然后回家。我将就睡的时候，忽然有一个人推门进来。他送我一副眼镜，就出去了。我戴上这副眼镜，一看，就像照着一种 X 光，眼前一切窗门板壁，都变成透明，同玻璃一样，邻家的人的情状我都看见了。我高兴得很，就戴了这副眼镜，再到马路上去跑。这回所见，与前大异；一切墙壁，地板，都没有了；但见各种各样的人各自过着各种各样的生活。可惊，可叹，可怜，可恨，可耻，可鄙……也有可歌，可羡，可敬的。我跑遍了上海的马路，所见太多，兴奋之极，倒在马路旁边睡着了。醒来的时候，却是身在床中。原来是做一个梦。"

周作人笔下的中秋是知识人的："本来举杯邀月这只是文人的雅兴，秋高气爽，月色分外光明，更觉得有意思，特别定这日为佳节，若在民间不见得有多大兴味，大抵就是算账要紧，月饼尚在其次。我回想乡间一般对于月亮的意见，觉得这与文人学者的颇不相同。普通称月曰月亮婆婆，中秋供素月饼水果及老南瓜，又凉水一碗，妇孺拜毕，以指蘸水涂目，祝曰眼目清凉。……中秋的意义，在我个人看来，吃月饼之重要殆过于看月亮，而还账又过于吃月饼，然则我诚犹未免为乡人也。"

徐志摩笔下的中秋是诗人的："我重复回到现实的景色，轻裹在云锦之中的秋月，像一个遍体蒙纱的女郎，她那团圆清朗的外貌像新娘，但同时她幂弦的颜色，那是藕灰，她踟蹰的行踪，掩泣的痕迹，又使人疑是送丧的丽姝。所以我曾说：秋月呀？我不盼望你团圆。"

至于鲁迅，在其日记里记录了二十多个中秋日。1912年的中秋，鲁迅在北平："阴历中秋……见圆月寒光皎然，如故乡焉，未知吾家仍以月饼祀之不。"1917年的中秋，鲁迅跟朋友聚餐："烹鹜沽酒作夕餐，玄同饭后去。月色极佳。"1926年的中秋，鲁迅在厦门："旧历中秋也，有月。语堂送月饼一筐予住在国学院中人，并投子六枚多寡以博取之。"1931年的中秋，鲁迅的活动是："旧历中秋也，月色甚佳，遂同广平访蕴如及三弟，谈至十一时而归。"

但鲁迅小说作品中的中秋多少继承了古典作家们的悲凉意味：有一天，大约是中秋前的两三天，掌柜正在慢慢地结账，取下粉板，忽然说："孔乙己长久没有来了。还欠十九个钱呢！"我才也觉得他的确长久没有来了。一个喝酒的人说道："他怎么会来？……他打折了腿了。"掌柜说："哦！""他总仍旧是偷。这一回，是自己发昏，竟偷到丁举人家里去了。他家的东西，偷得的么？""后来怎么样？""怎么样？先写服辩，后来是打，打了大半夜，再打折了腿。""后来呢？""后来打折了腿了。""打折了怎样呢？""怎样？……谁晓得？许是死了。"

四

我们当代人同样都可以说出自己的中秋节意义。不过，比较起来，当代人跟古人的生活已经发生了极大的变化，使人们过中秋节的形式也发生了很大的变化。同样地，当代人的分离、孤身一人的处境并不比古人好多少，两地分居、大龄青年、单亲家庭等，使当代人的团圆梦较之古人的更为光怪陆离。跟古人不同的还有，今人对分离远无古人感受到的那么深刻、惨淡。当代人即使远隔千里万里，仍可以通过手机通信随时晤谈，随时把酒言欢。因此，月圆之兆对当代人来说，多半是一种热闹，一种仪式。当代人随时随地可以把亲友召唤成"一席"，从这个角度看，团圆的意义已经发生了变化。

有关中秋节的今昔比较中，饮食也是重要的一个领域。当代人的饮食口味跟古人的饮食口味有所差异，月饼在古人那里是人间美味，但在当代人这里多只具有象征意义。每到中秋，月饼都是必不可少的礼品，但节日一过，如何处理月饼就成了一大麻烦。"八月十五月正圆，中秋月饼香又甜。"像苏东坡说什么"小饼如嚼月，中有酥与饴"，在当代人看来，只能说是短缺经济时代的感觉，已经不是今人的追求。从这一角度上说，当代人要过好中秋节，对月饼等美食的改造是题中应有之义。

也就是说，跟传统中秋节日的意义不同，当代人更多是在商家、市场、传统、秋天、明月等的联合发力中度过中秋节，当代人需要从人生、一年时间、中秋等格局坐标里重建节日与自身的关系。这需要我们每一个人都能够投入，在节日里过出自己的个性和意义，以自己的意义丰富这一节日。

我曾经连续两年收到朋友王康的中秋短信，为此也有起兴。王康的诗是：

> 朝暾忽起积云空，
> 万里江山思未穷。
> 为问秋光深几许，
> 一行征雁一林枫。

我为此口占的新诗是：

> 心里的热闹和狂暴缤纷
> 引起身体的叛乱
> 儿时的圆满
> 暗示一个孤独的异乡人
> 错失高尚的风景
> 举头的日子到了
> 最深重的利益
> 是那望不可即的德性完整
> 在天地间的温柔里
> 他的自重只是凄清的秋虫
> 他的语言纷纷凋谢

只有亲友们还把他想起
一个无家可归的热情
在天涯海角的翻滚里
随风飘落，一页又一页

第二年中秋，又收到王康的"中秋怀友人"：

清辉无痕化碧云，
天涯轻掠孤雁影。
又是山黯水澹时，
一样澄明一样深。

我为此仿里尔克写下了一首"秋愿"：

主呵，让分道扬镳的孩子们
意识到你的完整。是时候了
让山黯水澹接续人间的灿烂
你的光辉接管夏的纷争
让神圣家族的孩子们长大长久
智慧之马，勇气的缰绳
不曾有的果实，全给他们丰收
借此安然度过严冬的严重时刻

> 谁此时没有抬头，就不用举头
> 谁此时无情，就永远无情
> 让风吹过白夜的国度
> 暴人和暴行们退避
> 让他们坠地如叶
> 等待新生

如今我写下这篇有关中秋的短文时，想到老康在异国他乡已经过了好几个中秋节了。这是一种新奇的汉语经验，无数的华人在海外过中秋节。我们把中秋过成世界性的了。我相信，中国人的中秋诗篇已经传遍世界各地。"嫦娥应悔偷灵药，碧海青天夜夜心"，"今夜月明人尽望，不知秋思落谁家"，"此生此夜不长好，明月明年何处看"，"绝景良时难再并，他年此日应惆怅"……

我写过几年微博，微博上也有过节的文字。

其一：老廖发送他亲身经历的事作为中秋福利。有一次文学节，来了不少阿拉伯诗人。有一人跟他套近乎，说他晓得两个中国诗人：廖，你和北岛还有李白熟吗？你说他们俩，谁的诗写得好些？老廖答：李白。阿拉伯人摇头说：李白的政治立场如何？人家北岛是支持巴基斯坦的，所以比李白棒。

○ 秋风落黄叶，亭下喝杯茶。世事有人管，你说我忙啥？——老树

【中秋】

其二：达尔文森林失去了往日的宁静。每一个山岗前都有狼狗的号叫表演，每一棵树下都有鸟儿的聚会，热闹太多，以至于很多猫、狗、小羊不愿入睡，它们都像夜莺一样不管不顾，像猫头鹰一样睁大眼睛。狐狸小姐对啄木鸟说，都快中秋了，各回各的家，各找各的妈，这些浮躁虚无的新一代禽兽们如何面对亲友和家庭呢？

其三：殷之声是生活在河南的一个普通工人，他生前留下了不少日记、散文。二十五年前的中秋节时，他写了这么一段文字："生命的延续是必要的，然而只有思想与精神延续的生命，才是真正的延续。我们祝福自己的女儿能自立，能够吸取一切前人的良知，能够建树自己、发展自己、完美自己。"

重阳

○ 大自然最后的壮观

九九之说,在中国文化极有意义,九九归一,有归根到底之意。九九八十一,象征终极。

农历九月初九,是中国人的重阳节。

关于这一节日的源头,可以追溯到先秦时代。《吕氏春秋》之中《季秋纪》载:"(九月)命冢宰,农事备收,举五种之要。藏帝籍之收于神仓,祗敬必饬。""是月也,大飨帝,尝牺牲,告备于天子。"在这个月,国家要命令太宰,在农作物全部收获之后,建立登记五谷的账簿,把天子籍田中收获的谷物藏入专门储藏供祭祀上帝神祇所用谷物的谷仓,必须恭敬严正。在这个月,国家要遍祭五帝,并命主管官吏用牺牲祭祀群神。事毕,向天子禀告祭祀已经齐备。这些有着"祭神""飨帝""田猎""野宴"等的活动,是一种丰年庆祝的仪式,跟古希腊人秋天收获后的庆典相似,有人因此称之为中国的酒神节。

重阳节的原型仍跟国家或部落的上层建筑有关,即上古时代祭祀大火的仪式发生在这一时期。作为古代观察季节重要标志的"大火"星,在季秋九月隐退,《夏小正》称"九月内火","大火"星的退隐，使古人失去了一个观察时间的坐标，人们需要以某种仪式来与天道印证。人们敬畏和祭拜火神，并认为火神的休眠意味着漫漫长冬的到来，古人称之为"阳九之厄"。

因此，在"内火"时期，一如其出现时要有迎火仪式那样，人们要举行相应的送行祭仪。在古人眼里，重阳节是跟上巳或寒食对应，一如九月九与三月三对应，都是春秋季节的大节日。如果说三月三是复活，九月九就是死亡。《易经》《天之数》中解释说："立天之道，曰阴与阳。系天故取其奇为灾岁数。"汉刘歆《西京杂记》称："三月上巳，九月重阳，士女游戏，就此祓禊登高。"上巳、寒食与重阳的对应，是以"大火"出没为依据的。如果说上巳、寒食是人们度过漫长冬季后出室畅游的春节，那么重阳就是在寒冷将至、阳气将尽时具有仪式意义的秋游，所以民俗有上巳"踏青"，重阳"辞青"之说。清代潘荣陛《帝京岁时纪胜》记载："都人结伴呼从，于西山一带看红叶，或于汤泉坐汤，谓菊花水可以却疾。又有治肴携酌，于各门郊外痛饮终日，谓之辞青。"

我们说，任何一个民俗节日其源头多非民间的创造，而是部族的上层为共同体的生存所设定的记忆绳结。重阳节之绳结有"大火"、有秋收等生存要义,这些内容附加到一个节日上面,就是后人所说的圣人以神道设教。民众生活因此具有仪式感、节日感,方便了教化。

在参与重阳节的积淀创建的漫长历史里,南方的楚国也起了重要作用。故老相传,天地一开始是互通的,但后来由于南方部落"九黎"人不敬天神,帝颛顼"乃命南正重司天以属神,命火正黎司地以属民","使复旧常,无相侵渎,是谓绝地天通"。"绝地天通"就是断绝了地民和天神往来的通道。主管天的"重"也曾担任过"火正",并被人们尊为火神,后被称为"祝融"。而祝融恰恰就是楚人公认的先祖。

约公元前489年,"(楚)昭王问于观射父,曰:'《周书》所谓重、黎实使天地不通者,何也?若无然,民将能登天乎?'"楚国国王问当时的大佬观射父,观射父就此讲解并论证了民众登天、祭天的最佳时间。"日月会于龙狈",即农历九月初。

楚人好巫。南方人有浪漫情思,对祝融的想象也极浪漫。相传祝融精于音乐,他演奏的乐曲,能使黎民百姓精神振奋、情绪高昂。祝融死后葬在南岳衡山之阳,南岳的最高峰就称为祝融峰，山上有祝融殿。因此我们有理由相信，楚人对登天、登高望远的活动是很热衷的。后来的屈原说自己上天入地就是一个明证，在《远游》一诗中，屈原说自己："集重阳入帝宫兮，造旬始而观清都。朝发轫于太仪兮，夕始临乎于微闾""重阳"二字首次见诸中国文字即在这一诗句。

屈原的《离骚》长诗还提到了后世重阳节的两种重要习俗。一是用茱萸作配饰。"椒专佞以慢慆兮，樧又欲充夫佩帏"，"樧"就是指茱萸，因其气味强烈而用来装饰。二是以菊入馔。"朝饮木兰之坠露兮，夕餐秋菊之落英"，可谓是中国最早"以菊入馔"的说法。屈原的诗可算是后来重阳节饮菊花酒、吃菊花饼、佩戴茱萸习俗的最早文字记载。

登高拜天、庆祝丰收、祛病除灾、祭祀大火，这些神圣性、上层性、局部性的仪式最终要走向世俗、民间、全国。最早记录了重阳节的《西京杂记》证实，这一节日就是自上而下流行开来的。该书记载说，汉高祖宠妃戚夫人有位侍女贾佩兰，出宫后曾说起在宫中时，日常无事，四时乐事甚多，每逢九月九日，刘邦和宠妾戚夫人在长安宫边饮菊花酒边下棋，这一天要"佩茱萸，食蓬饵，饮菊花酒，云令人长

○ 总说各种无奈，错过那些花开。当时一场艳遇，今年怎可重来？——老树

【重阳】

【重阳】

又逢重阳节,
微信约朋友。
登高看新菊,
临风吃老酒。
平时总在忙,
难得能聚首。
大醉下山去,
相扶一起走。

——老树

寿。相传自古，莫知其由"。"蓬饵"指的就是"重阳糕"，取"糕"与"高"谐音，有时候人们还会在糕上放置小鹿数枚，号为"食禄糕"。

三国时期，魏文帝曹丕在《九日与钟繇书》中说："岁往月来，忽复九月九日。九为阳数，而日月并应，俗嘉其名，以为宜于长久，故以享宴高会。"

晋代的陶渊明在《九日闲居》诗序文中说："余闲居，爱重九之名。秋菊盈园，而持醪靡由，空服九华，寄怀于言。"这里同时提到菊花和酒。魏晋时期有了赏菊、饮酒的习俗。

梁朝吴均的《续齐谐记》则记载了重阳节的传说。东汉汝南的桓景，跟随道家高人费长房游学。有一天，费长房告诉他："九月九日，你家有灾。让你的家人赶紧做些茱萸绛囊，绑在手臂上，登高饮菊花酒，可除此祸。"桓景就带着全家人避祸山中，后来回家，发现家中的鸡犬牛羊都死了，从此重阳登高避灾流传至今。

从唐代开始，重阳节被定为正式节日，成为法定的"三令节"之一，"宜任文武百僚择地追赏为乐"，朝廷、民间一起庆祝重阳节。到宋代，重阳节更为热闹，《东京梦华录》中曾记载了当时北宋重阳的盛况："九月重阳。都下赏菊有数种。其黄白色蕊若莲房曰万龄菊，粉红色曰桃花菊，白而檀心曰木香菊，黄色而圆者曰金铃菊，纯白而大者曰喜容菊，无处无之。"《武林旧事》也记载有南宋宫廷"于八日作重九排当"，以待翌日隆重游乐一番。明代，皇宫中宦官宫妃从初一时就开始吃花糕。九日重阳，皇帝还要亲自到万岁山登高览胜。到了当代，中国很多地方都曾把九月初九日定为老人节，倡导全社会树立尊老、敬老、爱老、助老的风气。1989年，中国政府正式将每年的这一天定为"老人节""敬老节"。

因此回顾重阳节的传统意义，很多习俗，无论是赏菊花，还是登高，看似简单，看似自然而然，其实有着深刻的历史和人性意义。如菊花和菊花酒，不仅是时令的产物，而且确实宜人。明代医学家李时珍指出，菊花具有"治头风、明耳目、去痿痹、治百病"的功效。菊花酒能疏风除热、养肝明目、消炎解毒，具有较高的药用价值。古人称为长寿酒，是重阳必饮、祛灾祈福的"吉祥酒"。九酒不分，酒水就是阳水，古人认为用重阳节的水酿造的酒最好，因此把重阳日造的酒称为"重阳酒"。

至于登高，不仅是秋天观光、健身的要求，更是与天地沟通的必然内容。古人爱好登高，是因为他们认为天人相通，天人相印。龚自珍在《定庵续集》卷二《壬癸之际胎观第一》中说："人之初，天下通，人上通，旦上天，夕上天；天与人，旦有语，夕有语。"在古人看来，高山即是与天沟通的天梯，《山海经》记载的就有昆仑山、肇山、登葆山、灵山等。即使今天，那些秋天登香山的游人不仅是看红叶养眼，不仅是健步健身，他们在山上感受到的远比宅在都市里的时光更丰富，更有神奇的意义。

当然，还有"九"字本身。"九"在《易经》中是阳数，九月初九正好是日月并阳、两九相重，所以又称"重阳"或者"重九"。九九之说，在中国文化极有意义，九九归一，有归根到底之意。九九八十一，象征终极。物极必反，九是阳盛到极点，再往下便要回到一，九九重阳相逢在这样的意义上既是大吉又是大不吉，所以如登高、插茱萸、吃重阳糕、饮菊花酒等风俗都是出于一个目的：避恶禳灾。

跟其他民族一样，中国人相信数字的能量、神性和道理。九者，阳之数，道之纲纪也。作为阳极之数的"九"，古人认为它有代表性，有深邃的意义。《国语·鲁语上》说："共工氏之伯九有也，其子曰后土，能平九土，故祀以为社。"《周语下》说:"高高下下,疏川导滞,钟水丰物。封崇九山,决汨九川,陂鄣九泽;丰殖九薮,汩越九原,宅居九隩,合通四海。"《尚书·禹贡》说:"九河既道。"《水经注·潥水》说:"神农既诞,九井自穿,谓斯水也。又言汲一井则众水动。"《楚辞》中"九"的使用频率非常之高,如"九天""九重""九则""九阳"等,很多诗篇本身就是以"九"命名,如《九思》《九章》《九歌》《九叹》《九怀》《九辩》等。

中国人崇九的习俗始于《易经》,反映了天人合一、天人感应、九为天地之至数的文化心理。北京的天坛是崇天的典型建筑。天坛圜丘呈圆形,共三层,每层均为九圈,每圈用的石料数都是九和九的倍数,形成一个以九为基数的数字序列。由此可知,"九"这个最大的神秘数字,在漫长的历史里被运用到社会生活领域,被赋予了世俗生活中的吉祥之义。只有到了当代,知识分子被叫作"臭老九","九"这个最大的天数和吉祥数,才被赋予了反动的意思。

考察后来的中国人过重阳节,可以说把一个源起神秘神圣的节日,过得极为世俗灿烂。如佩插茱萸,古时有"无菊无酒不重阳,不插茱萸不成节"的说法。茱萸色彩艳丽,香味浓烈,防寒驱毒。早在先秦时期的楚国,人们就已经了解

225

茱萸的药用和装饰价值；插茱萸、佩茱萸囊、食茱萸作为重阳节的重要风俗到西汉时即已出现。由于茱萸在重阳节中具有重要地位，重阳节遂也被称为茱萸节，登高会被称为茱萸会等。唐代大医药家孙思邈在《千金月令》里记载当年饮茱萸酒的风俗："重阳之日，必以肴酒登高眺远，为时宴之游赏，以畅秋志。酒必采茱萸、甘菊以泛之，即醉而还。"宋元以后，人们更为祈求长生与延寿，因此"延寿客"（菊花酒）在重阳节习俗中的地位逐渐超过"辟邪翁"（茱萸），佩插茱萸的习俗遂逐渐稀见，至民国时则基本衰退。

重阳节的象征符号之一菊花更是少有的中国文化之花，与梅、兰、竹等并称为"四君子"。菊花经历风霜，有顽强的生命力，高风亮节，是"花中隐士"。九月又称菊月，菊花象征长寿长久。重阳又称菊花节，而菊花又称九花。赏菊也就成了重阳节习俗的组成部分。明代《陶庵梦忆》中说："兖州缙绅家风气袭王府，赏菊之日，其桌、其炕、其灯、其炉、其盘、其盒、其盆盎、其肴器、其杯盘大觥、其壶、其帏、其褥、其酒、其面食、其衣服花样，无不菊者。夜烧烛照之，蒸蒸烘染，较日色更浮出数层。席散，撤苇帘以受繁露。"《清嘉录》中记苏州赏菊活动："畦菊乍放，虎阜花农已千盎（古代腹大口小的器皿）百盂担入城市。居人买为瓶洗供赏者，或五器、七器为一台，梗中置熟铁线，偃仰能如人意。或于广庭大厦堆叠千百盆为玩者,绉纸为山,号为菊花山,而茶肆尤盛。"

古典名著如《金瓶梅》《浮生六记》中都有赏菊的记载,《水浒传》第七十一回就描写:"重阳节近,宋江便叫宋清安排大筵席,会众兄弟同赏菊花,唤作菊花之会。"《红楼梦》第三十八回登高设螃蟹宴、赏桂花、咏菊花的一段,更是经典之一的场面。其间,林黛玉吟出了"一从陶令评章后,千古高风说到今""孤标傲世偕谁隐?一样开花为底迟"的名句。

有关重阳节的故事太多了。"孟嘉落帽"和"滕王阁重阳盛会"算是较为著名。孟嘉任桓温参军时,有一年的九月初九重阳节,桓温带大家游览龙山,登高赏菊,并在山上设宴欢饮。"有风至,吹嘉帽堕落,嘉不之觉。温使左右勿言,欲观其举止。嘉良久如厕,温令取还之,命孙盛作文嘲嘉,著嘉坐处。嘉还见,即答之,其文甚美,四坐嗟叹。"后人感叹:"登楼王粲望,落帽孟嘉情。""孟嘉落帽,前世以为胜绝。"而滕王阁盛会更是文坛的一段佳话。公元675年九月初九,滕王阁重修落成,洪州都督阎伯屿在此大宴宾客,年轻的王勃赶上了这场盛会并忝列末席。席间阎都督提议大家为滕王阁题词,以助酒兴。当地人知其想由其婿撰写阁序的用意，因此纷纷推托。不知内情的王勃欣然受命，阎都督非常不快并怒起更衣，同时嘱人及时禀报。当有人报知王勃写到"落霞与孤鹜齐飞，秋水共长天一色"时，阎都督说："此真天才，当垂不朽矣。"王勃凭借《滕王阁序》和《滕王阁诗》成就了自己的功名。

由此可知，祛除神圣后的世俗节日是热闹的，是欢快的，是人情的，就像唐人的诗句。王维有诗："独在异乡为异客，每逢佳节倍思亲。遥知兄弟登高处，遍插茱萸少一人。"杜牧《九日齐山登高》诗："尘世难逢开口笑，菊花须插满头归。"古代如此，现代更如此。张艺谋的《红高粱》中有最热烈的唱词，道尽了重阳节的自由狂欢："九月九酿新酒，好酒出在咱的手，好酒！喝了咱的酒，上下通气不咳嗽，喝了咱的酒，滋阴壮阳嘴不臭，喝了咱的酒，一人敢走青杀口，喝了咱的酒，见了皇帝不磕头。一四七三六九，九九归一跟我走，好酒，好酒，好酒！"

腊八

○ 报告天地的仪礼

千百年来的上下努力使其节庆的丰富意义积淀成千家万户的生活方式，我们在新旧交替的日子里过节，有跟天地自然步调一致的印证、参赞和祈求的意义。

一

腊八节不是现代人的公共节庆日，但这个传统节日在民间仍有根深蒂固的影响。即使经过现代革命、移风易俗运动之后，民间生活支离破碎，一些传统节日仍在民众的记忆里，在日子来临时被唤醒。腊八节就是这样的一个节日。

在我少年时代，每年快到腊月时，父母都会念叨，腊八快到了。但到了腊八——农历十二月初八日，家里又似乎没有什么特别的仪式。除了吃羊肉让我印象深刻，吃的方面也没有什么节庆食物，父母在嘴上说的腊八粥、腊八蒜，我也没有见过、吃过。以至于有段时间我一直以为，腊八粥应该是八种食材做的粥，八宝粥就是从腊八粥来的。到北京学习生活后，吃到了腊八蒜，原来就是醋泡的，青中泛白，颜色好看，味道也好。

当然，除了腊八，整个腊月都是在过节又或是在准备过节的氛围里度过的。腊八之后，就要准备祭灶、过小年了。这些节庆仪式中有不少让人记忆犹新，如大扫除，尤其是扫重（chóng）屋，非常重要。重屋在我们那里指灶屋、厨房。我上学读史，读到绝地天通，南正重、北正黎分别司天司地，重属于南方炎帝部落，炎帝、祝融（也跟"重"字音近似）都是火神部落的名号，灶王爷称为重屋名正言顺。我恍然明白，一个文化主流或上层建筑的状态会在历史长河里潜入生活的基层，就像上古社会核心独尊的建筑"明堂"后来深入民间，成了我们南方人"堂屋"的名称，也是今天人们耳熟能详的"大堂"名称的来源。

农村的灶屋，除了锅碗瓢盆、灶台等，其他地方一年当中很少清扫，而在腊月过小年之前是一定要认真扫除的。我们一般称之为"扫尘""掸尘""掸扬尘"。这是祭灶王爷前必须做的事。因为灶王爷要上天汇报工作了，一家人的日常起居，尤其灶屋是否合灶王爷心意，全看这几天的工夫是否到家。父亲用自己扎的、买来的新笤帚把灶烟熏黑的墙壁打扫得几乎焕然一新。在打扫房屋时，母亲会把屋里的家具用布单等物遮起来，有讲究的人家还会用头巾或毛巾把头包起来，再将墙壁上下扫干净。打扫完毕，擦洗桌椅，扫干净地面，以新面貌迎接新年的到来。

草色入簾青

每到这个时候，会有商贩来村里卖"粘糖"。我们那里叫犒糖，就是一种麦芽糖，做成圆木凳子大小的或圆或方的整块，五分钱一角钱的买卖，商贩就会从上面敲一小块给买者。后来听说这糖又叫"关东糖"，是给灶王爷送行的灶糖。我印象里没有看到父母亲用粘糖一类的来祭灶，倒是听过他们在灶屋里念念叨叨地求灶王爷保佑，"上天言好事，下界保平安"。"平时不烧香，临时抱佛脚"的话也是这时候知道的。据说这个时候应该对灶王爷进行特殊招待，饭团、糖、酒等，让灶王爷享用，"吃了人家的嘴短"，灶王爷就会在老天爷面前给这家人说说好话。

跟灶王爷搞好关系在我们中国有漫长的历史，春秋时代就流行说，"与其媚于奥，宁媚于灶"，奥是房屋的西南角，被古人以为是最尊贵的地方，重大祭祀都在此处。这句话的意思是，与其向比较尊贵的祭祀场所奥处祈祷保佑，不如向管我们饮食吃喝的灶神祈祷保佑。在《论语》一书中记载，春秋时代的王孙贾曾向孔子请教这句话的意义，孔子的回答是："不然。获罪于天，无所祷也。"孔子的意思是，大家流行的这句"心灵鸡汤"有问题，眼皮子太浅了，以为县官不如现管、阎王好哄小鬼难缠。因为人一旦犯了滔天大罪，向什么神祈祷都没用了。

当然，我们说，我们送灶王爷上天言事其实是郑重的，招待灶王爷的投机取巧其实仍曲折反映了"民间道德伦理的自律"。尤其是，祭灶、送灶几乎就是过小年的内容，可见民间的郑重其事。印象中，腊月二十三、二十四是过小年，此时会分大姓小姓，如姓王的、姓李的、姓刘的是大姓，在二十三那天过小年；我们村里冷姓是大姓，也在二十三过年。父亲说我们是小姓只能在二十四过小年，他有时候在过小年的那天感慨现在人过节乱了，什么人都以为是大姓。我们问为什么没人在二十五过年，父亲说那是骂人的，只有乌龟王八在二十五过年。

长大读书，才知道过小年的大姓小姓一说不确。送灶王爷的时间不一样，"君廿三民廿四，乌龟王八廿七廿八"。就是说皇家送灶要在二十三日那天，皇家的灶王爷提前上天搞关系，铺路定调，然后才是黎民百姓的灶王爷上天。大姓小姓一说，大概是做过皇帝的姓氏人家仍傲然以君王后裔称大，以至于在二十三那天送灶过小年。至于被侮辱为"乌龟王八"的人家，应该是受苦受难的人家，或犯下罪错、不受村民待见的人家，他们的一年是屈辱、艰难和有过错的，他们晚一些过年，上帝或天神们就不用看他们的晦气了。

从宋代范成大《祭灶词》中可以看出当时社会送灶过小

岁也是以二十四日为主:"古传腊月二十四,灶君朝天欲言事。云车风马小留连,家有杯盘丰典祀。猪头烂热双鱼鲜,豆沙甘松粉饵团。男儿酌献女儿避,酹酒烧钱灶君喜。婢子斗争君莫闻,猫犬触秽君莫嗔。送君醉饱登天门,杓长杓短勿复云,乞取利市归来分。"民谚中所说的腊八、腊节景观跟范成大的生动描写可以印证:"腊八、祭灶,新年快到,闺女要花,小子要炮,老妈子吃着桂花糕,老头子戴着新毡帽。"

二

回过头再来说腊八节的吃羊肉。我对吃羊肉的事之所以印象深,是因为家乡在南方,冬天天冷,羊肉羊油凝冻后,吃到嘴里又糊又膻,让人很不适应。在我们那里很少养羊吃羊肉,我奇怪家里会在腊月买羊肉。经常是,除了父亲,一家人都不会动第二筷子。

后来读书,才发现羊是腊祭腊节的重要内容,腊节庆典是传统中国上层生活中重要的仪式。吃羊肉的习俗原来也是历史积淀下来的。

《诗经》中有名的《七月》,是反映周代早期社会生产生活的杰出诗篇,其中说:"九月肃霜,十月涤场。朋酒斯飨,曰杀羔羊。跻彼公堂。称彼兕觥,万寿无疆。"描写了先民在年尾杀羊举行宴会祝福的场景。

鲁迅曾写有《庚子送灶即事》诗:"只鸡胶牙糖,典衣供瓣香。家中无长物,岂独少黄羊。"还在《送灶日漫笔》一文中说:"灶君升天的那日,街上还卖着一种糖,有柑子那么大小,在我们那里也有这东西,然而扁的,像一个厚厚的小烙饼。那就是所谓胶牙饧了。本意是在请灶君吃了,粘住他的牙,使他不能调嘴学舌,对玉帝说坏话。"其中"黄羊"的典故,出于《后汉书·阴识传》:"宣帝时,阴子方者至孝有仁恩。腊日晨炊,而灶神形见,子方再拜受庆;家有黄羊,因以祀之。自是已后,暴至巨富。……至识三世而遂繁昌,故后常以腊日祀灶而荐黄羊焉。"西汉宣帝时,阴子方事亲至孝,积善成德。有一年腊日早晨,他在灶台烧火做饭时,灶王爷露脸相见,阴子方赶忙下跪感恩,他家里有一只黄羊,就宰杀祀奉灶王爷。从此之后,阴子方财运不断,暴发成了巨富。听说"黄羊祭灶"的故事后,很多人都在腊日宰牲祭灶。从此,杀黄羊祭灶的风俗就流传下来了。

宋代人还把阴子方写入贤者之孝的诗篇:"祀灶令人富,

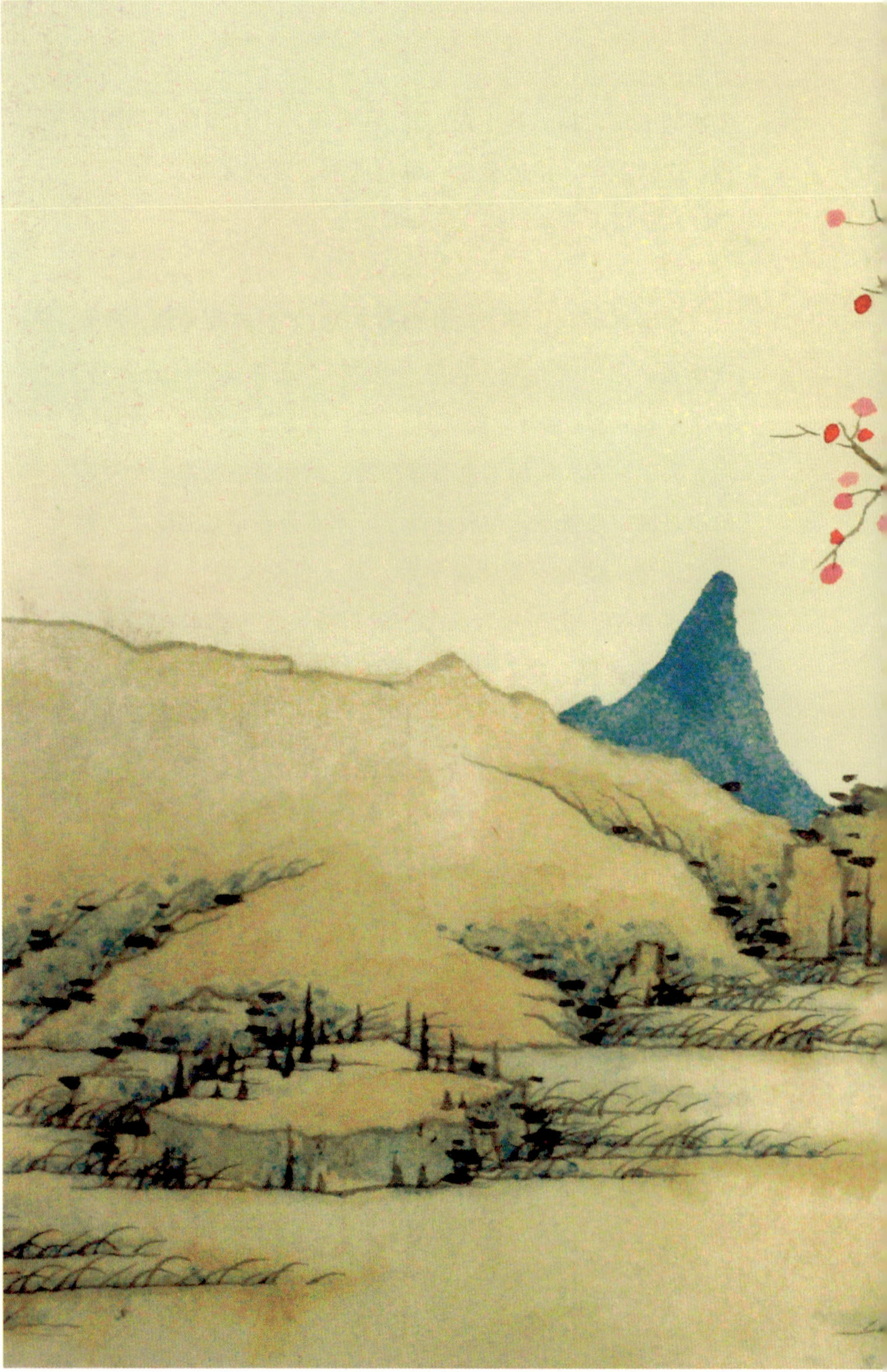

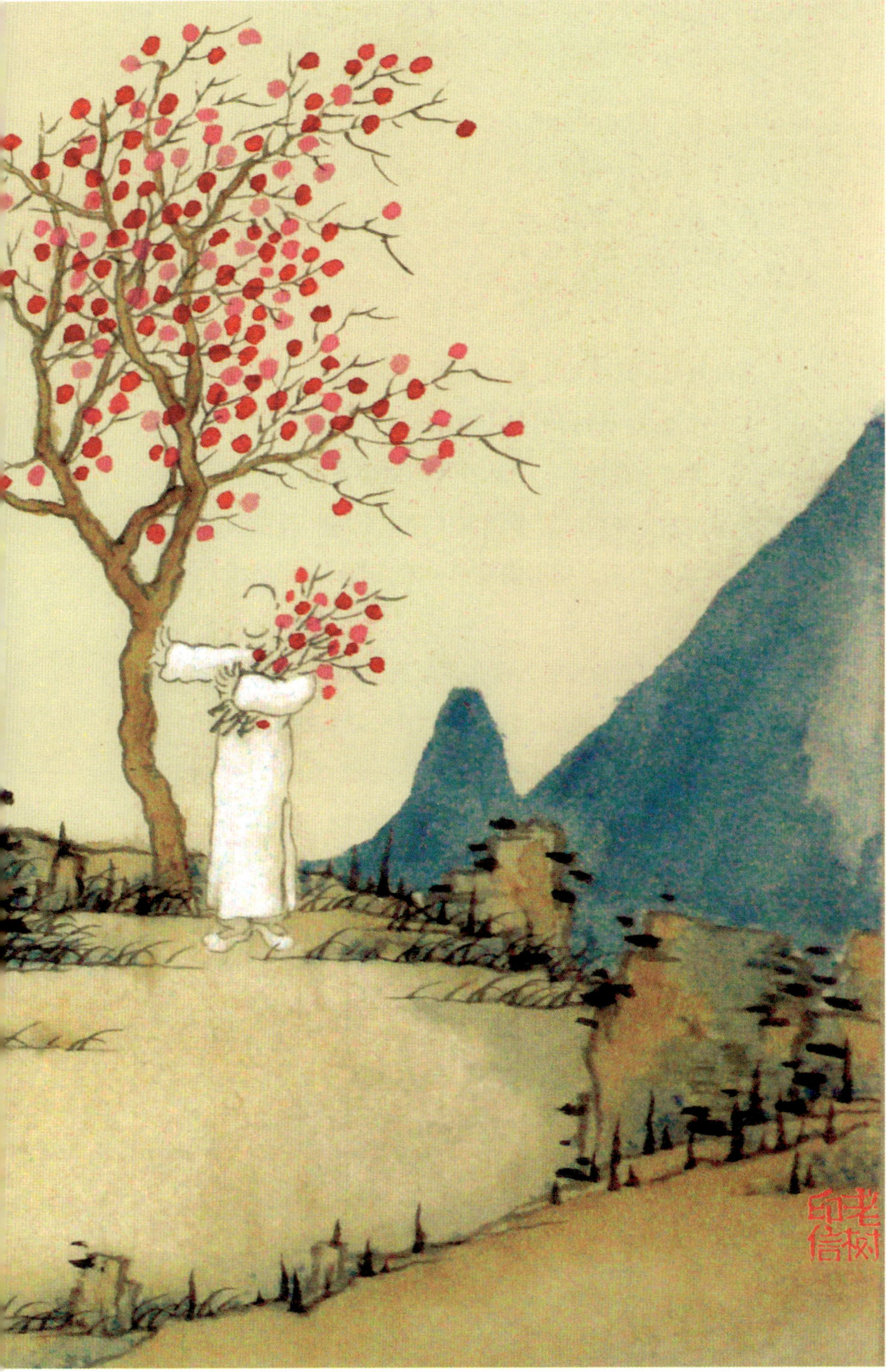
老树印信

相传阴子方。安知由至孝,非在荐黄羊。"当然,也有人改写了这个故事,《荆楚岁时记》中说,阴子方"以黄犬祭之,谓之黄羊",羊比犬贵,阴子方跟灶王爷搞关系是惠而不费。

无论如何,这个历史典故说明,羊是祭灶王爷的重要供品。这个规矩或习俗始于在《诗经》之前的何时,已经难以考察了。不过,春秋后,朝廷官方的腊节庆典中用羊确实是有据可查,故事多多。史书记载了一个东汉年间克己让人的故事:"建武中每腊,诏书赐博士一羊。羊有大小肥瘦。时博士祭酒议,欲杀羊分肉,宇曰:'不可。'又欲投钩,宇复耻之。宇因先自取其最瘦者,由是不复有争讼。"意思是,光武帝刘秀非常重视和爱惜太学博士等国家一级的知识分子们,每逢腊月祭祀,就下诏赐送每位博士一只羊以方便大家过节。有一年腊月,皇帝把羊赏赐下来,主管的博士祭酒遇到了难题:羊肥瘦大小不等。有人建议把羊杀了均分,甄宇说不行;又有人建议用抓阄的办法来分羊,甄宇深以为耻,就自行去把最小最瘦的羊牵走了。这样一来大家都不好争了。故事没完,"后召会问'瘦羊博士'所在,京师因以号之",连皇帝都知道这事了,想朝会甄宇时直接问"瘦羊博士"在哪里,从此京城的人们就以"瘦羊博士"来称呼甄宇。清代的王渔洋称赞说:"多少长安苦吟客,瘦羊博士擅风流。"

汉代以羊为供品的腊节到后来，形成了铺张浪费的风气。以至于朝廷曾经下诏书，批评大家祭祀时花费太多。后来，有一个大臣向皇帝上奏折，指责一家人过腊节炫富，举办一次宴席，一顿饭要浪费三百头羊。

总之，羊肉是腊节最重要的供品或说食品之一。太史公司马迁的外孙杨恽曾经写过一封书信《报孙会宗书》，桀骜不驯的风格跟其外公的名文《报任安书》如出一辙。在这篇文字里，杨恽说："田家作苦，岁时伏腊，烹羊炮羔，斗酒自劳。"由此看出，农家辛苦，在每年盛夏伏日和严冬腊日的节庆中，以羊祭祀，吃羊肉再喝点小酒进补的习俗已相当盛行。羊肉无论煮的还是烧烤的，都有着祭祀和进补的意义。

我少年时代好奇的腊月食羊，原来有着如此悠远的历史，有如此生动的人物故事沉淀，为这节日增富了意义。

三

关于腊八腊节过小年的历史梳理下来也有意思。

农历十二月称为腊月没错，但早期腊日并非指十二月八日的腊八，先秦的腊日是冬至后的第三个戌日。如此算来，腊日也就是在十二月二十一、二十二日前后。《说文解字》说："冬至后三戌，腊祭百神。"汉代的《四民月令》中说："十二月：腊日，荐稻、雁。前期五日，杀猪，三日，杀羊，前除二日，齐（应为斋）、馔、扫、涤，遂腊先祖、五祀。其明日，是谓'小新岁'，进酒降神。"这里面透露的消息就是腊日后的一天即为过小新年，跟我少年时的记忆相印证。我们的文化习俗两千年来仍一脉相承！

至于腊八节，腊日移到十二月初八日，是后来佛教、道教争取其影响力而出现的结果。佛教传入，附会我们的传统文化而把腊日定为佛成道日。佛祖成道日与腊日融合，在佛教领域被称为"法宝节"，到南北朝时固定在腊月初八。本土后起的道教则称，正月初一（春节）是天腊，五帝会于东方九炁青天；五月初五（端午节）名地腊，五帝会于南方三炁丹天；七月初七（乞巧节）是道德腊，五帝会于西方七炁素天；十月初一（寒衣节）是民岁腊，五帝会于北方五炁黑天；腊月初八（腊八节）是王侯腊，五帝会于上方玄都玉京。

这个结果，使得腊八节的影响一度盖过腊祭本身的内涵。如腊八粥，用料包括大米、小米、糯米、高粱米、紫米、薏米等谷类，黄豆、红豆、绿豆、芸豆、豇豆等豆类，红枣、花生、莲子、枸杞子、栗子、核桃仁、杏仁、桂圆、葡萄干、白果等干果。以腊粥祭祀的意义退居其次，腊八粥的名声叫响后，既成了美食，又是养生佳品，具有保健脾胃的功效。又如腊八蒜，源自人们在腊月清算借债欠债的"腊八算"，一年之间借出去的、欠人家的此时要做一个了结清算。这一习俗仍沿袭至今，只不过人们为节日也增富了一种食品，在腊八这天将剥了皮的蒜瓣儿放进罐子、瓶子里，倒入醋，封上口，慢慢地，泡在醋中的蒜就会变绿，最后会变得通体碧绿，如同翡翠碧玉，成了一种美食。

我们的腊节还有很多习俗和美食。但是，腊节从何时而来？腊意味着什么？追问这些可能比梳理各地的腊月生活更有趣味。

史书记载："伊耆氏始为蜡。蜡也者，索也，岁十二月，合聚万物而索飨之也。"伊耆氏指上古时代的天子称号，也有说是上古时代神农的帝号，由此可见，腊祭的习惯非常久远。书中为此说："伊耆氏，神农也，以其初为田事，故为蜡祭，以报天也。"

有关腊的含义有很多，我们中国人几乎打小就知道腊具有的几种意义。除了腊月的含义，还有猎取禽兽的含义，"腊者同猎"；有新旧交替的意思，"腊者，接也"；还有用肉祭祀的含义。这些含义混合在一起，指导人们在腊月的应然生活，人们需要祭祀祖先和神灵（包括门神、户神、宅神、灶神、井神），以祈求丰收和吉祥。夏代称腊日为"嘉平"，商代为"清祀"，周代为"大蜡"；因在十二月举行，故称该月为腊月，称腊祭即冬至后的第三个戌日为腊日。即使后来佛教道教把腊八日移花接木变成腊日，但人们在实际生活中依然把送灶腊祭以及过小年安排在二十三日、二十四日前后。

尤其是腊货，几乎千百年来就是年货的另一称呼，而且比年货更有生活趣味。印象中，少时见到的村里乡亲，无论平时关系如何，在腊月里问候"置办腊货啊"等话题时都是带着笑意的。是的，家家户户都要准备腊货，最平常普通的是腊肉、香肠、腊鱼、腊鸡等。习俗从古到今，祖祖辈辈传承下来，一代又一代，一年又一年。村里无论贫富，无论生活多么艰难困苦，当家人在腊月都要想方设法腊一二个品种。

"腊"字还有两种读音的意思区分，即寻常所读的là音时，腊肉指腊月腌制的肉；读xī音时，腊肉就是昔日的肉，

○ 天地虽然萧瑟，春风快要吹来。看着雪花静落，等着梅花绽开。——老树

【腊八】

陈肉、干肉。《易经》中说:"噬腊肉,遇毒;小吝,无咎。"用现在的话来说就是,吃了发霉的腊肉,及早发现口味不对,没有再往下吃,所以不会对身体造成伤害。

无论如何,自伊耆氏以来三四千年,腊节在我们这片土地上一直传承,长时间辉煌,在现代一度沉潜。但其千百年来的上下努力使其节庆的丰富意义积淀成千家万户的生活方式,我们在新旧交替的日子里过节,有跟天地自然步调一致的印证、参赞和祈求的意义。参与腊祭既是期望新年新生,更是功成圆满。我们中国人在学生时代即学习的春秋故事,《宫之奇谏假道》中说宫之奇劝虞国国君不要给晋国借道,国君不听,于是,宫之奇以其族行,曰:"虞不腊矣。在此行也,晋不更举矣。"宫之奇带着全族的人离开了虞国。他说:"虞国的灭亡,不要等到岁终祭祀的时候了。晋国只需这一次行动,不必再出兵了。"这个故事也告诉我们,腊祭对一国一家来说,是多么重要。

了解这些腊节的历史和故事,我们也许就能理解最初的腊祭祭辞,那是伊耆氏时代腊祭的祭歌:"土反其宅,水归其壑,昆虫毋作,草木归其泽!"土啊,不要变作风沙,回到你的原处去;河水啊,不要泛滥,回到你的沟壑中去;虫子啊,不要吃我的庄稼,不要繁殖成灾;草木啊,不要长在农田里，回到你的水泽中去！

这是经历自然灾害（土质的、洪水的、动物的、植物的）的人民在岁末时的心声，既是祈求，也是命令；既是咒词，也是祝词！

年关

○ 文明里的信仰情怀

如此长时间的休止，
绝非为了要「消费」
或完成「扩大内需」一类的「假日经济」的，
那里面一定有是非，有信念，有至善。

我不知道今天的中国人对年关还有多少感觉。我自己是相当惭愧的，中国的旧书读得少，儿时的年节习俗不曾学得习来，现在到了欲说还休的年龄，面对年关，发幽情而不得，道感慨而无语。我唯一知道的是，年关是一道坎，它周期性地横在中国人心头，但当代中国人交不出答案，多数人因此无法登堂入室窥奥，从数九寒冬到小阳春，如此长时间的休整，人们大多只能失语。真的，面对年关，我们能说出些什么呢，我们能给出些什么呢？

我的记忆深处有着年关的另外内容。"月儿弯弯照九州，几家欢乐几家愁。"后面的不记得了，网络上会有，但我拒绝用"古狗"把它搜出来，大概是有人流泪，有人歌舞楼上头。我儿时常唱的歌谣，大人望挣钱，小娃子望过年。因为只有过年时我们才有新衣服穿，才有肉吃。而富人过年、穷人过年一类的提法则更直接明了地把世界划分出界线。鲁迅写过祥林嫂在年除夕死去的事，那种感受天堂之极乐和地狱之悲苦的神经则在穷富背后发现了精神的悲喜剧，发现了观念的杀人力量。我年轻的时候写过一首诗《并非集句：从中心到边缘》，诗很短：

> 眼看他起高楼，我冻得直发抖。
> 眼看他宴宾客，我没有钱买酒。
> 眼看他楼垮了，我坟墓成荒丘。
> 眼看他生了死，这山水还依旧。

现在看来这诗似乎还是有一些少年记忆和意气的。而说到穷富，就要不可避免地涉及借债，乡里乡亲的，一年到头也就不可避免地有些磕磕碰碰，有些大言诺言豪言，更有些钱物上的典当借贷。我印象里的年关期间，乡亲们多会记起这种种的岁月波折，而采取种种办法。这是讨债的好机会，即使人们年中会两手一摊地作难，此时却必得想办法还债，否则，这个年是不好过或没法过的，除非离家出走，躲债。理由很简单，这是年关，无论是借方还是债主，年关是他们共同承认并遵守的底线。到年关了，你夏天青黄不接的时候借过我家的三斗米该还了吧。到年关了，你打针看病借我的十块钱该还了吧。

我不知道社会学家们如何看待这一社会现象，这其实不单是社会现象，它是一种文化，是习俗，是传统，是法则。

确实有无赖，借贷了却经年不还，跟债主争吵。但此时人们最为硬气的话乃是："老俗言说了，杀人偿命，欠债还钱。没钱，你没钱怎么过年？看你屋里，不是置备了年货吗？没钱你怎么办的年货？不给钱，好，那就拿你几斤腊肉抵了。"诸如此类的话我经常听到，而欠债的也多只能眼睁睁地看着别人从自己家里取东西，大者也如早些年我们的乡镇干部进村牵牛赶羊一样（当然，一些乡镇干部早已发扬光大并有创新，例如他们把欠他们所谓税费的农民关起来，办学习班，到村民家里搬桌椅、收音机、电视等一切可以搬走的家当，上村民房顶拆其房子，等等）。

杀人偿命，欠债还钱，天经地义。自从盘古开天地，三皇五帝到如今，你不还钱，你就是没理，你能到哪儿说你的理去？你行不正。我小时候听多了这样的话，我确实知道它的分量；一个人不遵这理，不守这规矩，他就没有信誉，他做人就是不可信的。但万万没想到的是，中国农民已经不信这理了，曾经他们不得不忍受乡镇干部们堪称野蛮的"催债"，但仍执拗地拖欠税费，从皇粮到用货币化的各种名目的税费的转变，竟使得他们不再相信天经地义的至理。他们是良民还是刁民，是公民还是农民，真是跟今天的"年关"一样难以说清。

更让人难以理喻的,是民的对立面们,他们面对亏欠同样抱着无所谓的态度,他们的年关过得最为惬意。一年答应过的各种债,情债、借债、聚会债、演出债、稿债、政策承诺债,等等,在此时完全是莫须有地对待。听说某些圈子里流行一句话,年年难过年年过,而且过得还不错。那些公共人物们,如作家、名人、明星、学者专家们,听说年关是他们的收获季节,各种约稿、会议、演出,电话、传真、伊妹儿、邀请信、合同书纷至沓来,他们应接不暇,编辑、记者、主持人哀求着他们。用他们的话说,他们难过呀,他们没有时间跟亲人团聚,他们得赶写文章,得出席各种会议,得打着"波音的"天南海北地赶场。我宁愿相信,他们的难过,是他们承诺太多,他们算计最大化,而对欠债不还允诺不守的行为于心不安。但不管怎么说,他们年年如此难过他们仍要过,而且他们过得相当不错。据说,他们年关时的收入占全年的五分之一到三分之一。

那么,年关究竟是什么呢?我曾经想到一种思路,它可能是我们文明里的信仰情怀,也许,这种奠基了一个文明社会存在之可能的信仰情怀,是我们的文明应对丛林法则、应对功利算计、应对历史主义或理性的秘密,即那种历史主义眼里毫不顾惜的岁月流逝必须时时休止,那种永无尽头为明天将来做准备作牺牲的调子必须停唱,以接受审判、清

○ 腊月二十八，扛竹送人家。古风今尚在，无人明白它。——老树

【腊月二十八】

算,以决定新生。用今天的语言思维来说,如此长时间的休止绝非为了要"消费"或完成"扩大内需"一类的"假日经济"的,那里面一定有是非,有信念,有至善。那些以各种名义自居的人,以为自己无时无刻不跟学问、真理、知识在一起的人,以为自己在为"国民经济和社会发展"做贡献的人,以为自己在进行有着深远历史意义的事业的人,此时都不得不放下心中"僭妄的理性"而回应来自年关的神秘"律令",虽然他们并不解这律令的全部丰富性。而那些以现代理性自居来对抗这一律令及其习俗的行为,其败象固已天下周知并为世人笑。那么,年关里有我们文明存在的符码、情理则是必然的了。但我的思路如此芜杂,我想到了伽达默尔有关节日的论述,他是把节日当作跟祖先相会的桥梁。我还隐隐约约地记得,年在我们的民间传说里是一头凶狠的怪兽,驱邪避害是我们过年的要义。这也跟信仰情怀有关。这样的想法当然会让大方之家失笑,但我想,对于年关,如果我们自习俗、传统、言行里经过审慎的分析诠释和概念重构,将会发现我们的"日用"一定跟现代文明理性对生命的理解一致,我相信我们文明的习俗的核心也是对生命的至上尊重。生生之为大德,一定是体现在日常履践里。唐逸先生说过,在自家文化传统中,发现这由过往至现时而通向未来的道,只有惊喜与感恩。

惜乎我们对于年关遭遇了知行的双重困难。在现代理性的名义下，年关的习俗和生活方式被我们"坎陷"般地不断递减掉了，如今，空剩下一种节庆的娱乐理由。就像我们拥有许多现代理性的概念，却没有什么自己的经验积习和生活方式。

看着"年关"二字，我不由自主地想到了唐人街，很多唐人街的入口处有一个牌楼，上面有中山先生的"天下为公"大字，我去了几个唐人街，对那牌楼的印象深刻，我长久地记得它。就像非洲、中东地区的市集一样，那里面有热闹，外人却不可理喻，只有那几个大字还在诉说着一个古老的文明和它的谜。我担忧的"年关"或者已经如是。没有了信仰，没有了是非，没有了创造，只有庸福，只有喧天的锣鼓和爆竹，耀眼的烟花，以及众人在地上（而非鲁迅时代的众神在天上）醉醺醺地祈福并相互祝福。

过年

○ 在时运的变迁里通变重生

我们在这里，领受我们当受的福报、福祉和报应，吉凶与一切众生同患。唯有如此，才能有望贞下起元；唯有如此，一元可复，复始而万象更新。

一

说到过年，说到腊月最后一天，大概华人社会没有人不知道它的意象。这一天一般被称为大年三十，这一天的晚上被称为除夕，又称大年夜、除夕夜、除夜、岁除等。这一天的饭被称为年饭、年夜饭。

可以从我的年饭经验中看出人的坐井观天。印象中我家和我们村里人的年饭都在早上，各家的大人多是凌晨两三点起来做饭，做好后喊仍在酣睡的孩子们起床。五六点钟，全村里响起此起彼伏的鞭炮，这就表示这一家人祭拜了天地祖先，可以吃年饭了。因此我在很长一段时间里认定年饭就是早上吃的饭，后来进城读书，听见城里同学说中午吃年饭，晚上吃年饭，我还心里笑城里人不懂规矩，再后来看到阿Q心理，恍然看到了自己。

吃年饭对我们中国人来说意义重大，深入骨髓，这是团圆饭、报恩饭。一年一度的年饭使家人之间的关系得到强化，使之更为紧密。家人的团聚往往令一家之主及全体成员在精神上得到安慰与满足，一家人在一起，长幼有序，你谦我让，这就是中国人的天伦。我印象最深的是公社时期，村里分工钱，村里的大人围成一团，听会计喊名字，然后说全年挣工分多少，总共挣钱多少，扣除什么，实得多少。一般两个壮劳力的家庭一年辛苦所得大约一百元，这些钱是过年到城里买年货的资金，也是下一年全年日用的开支。尽管如此，家家户户仍会花点钱把年过好，把年饭做丰盛。

年饭吃完时，天刚亮透。大人们收拾残局，孩子们到村里的道场玩耍。农村的孩子此时不仅可以尽情吃鸡鸭鱼肉，还可以喝酒。孩子们会在一起比赛谁今年吃的肉多，喝的酒多。我第一次喝酒喝了一杯还是两杯，有些记不清了，总之，年饭吃完，就不省人事，醉得睡过去了。

吃过年饭的大人小孩都要把棉衣棉裤的外套衣服脱了，女人们洗衣，这样保证第二天春节时家里没有脏衣服。男人们收拾庭院。早上大鱼大肉吃过，中午饭从简，饭后，家家户户张罗写春联。这个时候，父亲就会跟我一起商量写多少副春联，猪圈、牛栏、果树、大门、厨房、堂屋等，都写什么。我每写一副，都要从书上找句子，即使是套话、跟去年的对联一模一样的话,父子两人都说过几遍再写下来。"天增岁月人增寿,春满乾坤福满门""自古开门七件事,柴米油盐酱醋茶""春回大地风光好,福满人间喜事多""鸿运当头迎百福,吉星高照纳千祥""福如东海长流水,寿比南山不老松""万象更新""前程似锦""烟火长春""六畜兴旺""鸡鸭兴旺""果木兴旺"等,成了烂熟的春联套路。

虽然只有几副对联,偶尔有邻居过来求一副两副,但写完天已经擦黑,这时候就用糨糊把对联,以及从街上买回的门神、年画一一粘贴好。贴好大门的对联,就把门关上。这以后的时间就不能外出,也不希望有人来家里,如果有后者发生,就意味着不吉利,要倒霉。晚饭也从简,吃过晚饭,把煤油灯、蜡烛、电灯等熄灭,上床睡觉。争取睁眼早起就是新年,孩子们先给父母大人拜年,拿到压岁钱,再到村里拜跑年。

当然,除夕时也知道守岁。但一般孩子们下决心守岁,在火盆边熬到深夜十点来钟就熬不下去,要上床睡觉了。从20世纪80年代到现在,社会发生了巨大的变化。不仅电灯普及,收音机、电视普及,就是网络也成为守岁过年的新平台。今天的青少年在除夕守到新年,有太多的热闹可看,有太多的节目消遣,守岁轻而易举。

二

我对除夕印象深刻，是因为我生于大年三十。但遗憾，并不是所有的年份都有大年三十，经常过到腊月二十九就成了旧年的最后一天，二十九的晚上就成了除夕。周围人知道的，就会在过生日时开玩笑说我没有添寿增岁，以至于我有一阵得意，同龄人都完整地长了一岁，我还是那么大。我也因此留意谁跟我一样生于除夕，舒芜先生就告诉我聂绀弩先生跟我一样的生日，还告诉我聂先生的一句自寿诗：此六十年无限事，最难诗要自家删。

我对除夕过年印象深刻，还因为几乎家家户户贴年画时都能看到我的姓。胖小子、胖丫头抱着大鲤鱼的年画是我儿时看得多的，年年有余。这种附会类比性思维不仅年画，就是在年饭中也可以看到：年饭中的火锅和鱼是必需的，寓意红红火火、年年有余、吉庆有余。当然，还有一些菜也有寓意，包饺子时可以放硬币进去当彩头，饺子还有元宝的意思。

除夕除了贴春联、贴年画外，还有贴福字、贴窗花，还有祭祖、挂灯笼等习俗。这些习俗中，禁忌也是极为重要的。父母长辈教孩子切记不能在这一天说"完了""没有了"。如果问还要不要添饭加菜,标准答案是"吃好了""吃有了",不能说"不要了";如果问饭还有没有,标准答案是"还有""吃得太多了",不能说"吃完了"……这些话必须学会,否则应答不当会被认为不吉利。

还有不少禁忌。如前面说的贴完春联关门后忌讳外人来串门,据说这是"踩年饭",会搅得全家人不安宁。吃年饭供祖先时,全家人不得说话、吵闹;不得向地上泼水;不得叫小孩子名字;等等。除夕守岁,也禁忌大声喧哗,禁忌照镜子,还忌讳灯油泼地,忌讳打碎杯子、碗盆,如果打碎了,就要念"岁岁平安"等吉祥话,以化解灾难,等等。这些忌讳现在很少见了,不仅如此,现代人多在大城市工作,要回家乡团圆,吃年饭,多不能十全十美。有的大年三十还在上班,有的则因买不到车票只能初一回家乡,凡此种种,导致现代人过年变成了走过场,过场大于仪式,形式大于内容了。

三

过了除夕,就是正月初一,就是我们现代人所说的春节了。从初一到十五,都算春节,都算人们要过的新年。在民间,传统意义上的春节是指从腊月的腊祭或腊月二十三或

265

二十四的祭灶，一直到正月十九。或者说，从腊月到正月，民间都叫过年。只不过，腊月年叫旧岁，正月年叫新年。辞旧迎新，辞旧多限于家庭内部，迎新则在亲戚、乡邻、社会中活动。

过年的历史久远。四千年前，据说舜继天子位时祭拜天地，从此，人们就把这一天当作岁首。这就是农历新年的由来。从考古天文学的角度看，先民在历法的终点和起点时实行庆祝，最初只有几天时间。据说东西方民族都曾经有过一年十月历、十二月历整数即360天的纪年法，多余出来的四五天则用于庆祝。但后来演变成，过年或辞旧迎新需要一两个月的时间，官民之间营造出一两个月的过年气氛。

自正月初一到十五，都有讲究。初一的名称很多，如鸡日、三元、三朝等等。这一天除了拜跑年，还会到舅舅家拜年。初二是狗日，初三是猪日，初四是羊日，初五"破五"，是牛日，初六是马日，初七是人日……但是正月跟新春又有差异，正月可以叫新年，却不一定叫新春。古人的春节一般指立春节气，即公元纪年的2月5日前后，或泛指春天。这个日子有时在正月初一之前，有时在其之后。1912年，国民政府在推翻满清政权以后，将当时最通行的农历新年的名称"元旦"划给了公历元旦日，而改称农历新年为春

○ 无论贫贱富贵,纵使海角天涯。有事以后再说,过年先回老家。——老树

【小年】

节。至此,"春节"之名才正式归属农历新年。

我们现代的春节,即使简化,大家仍觉得麻烦。很多人以为春节可以休息一下,但到了春节仍要忙着应酬。民间亲戚朋友的聚会、庙会、朋友圈一类的热闹加上吃喝、抢红包、发短信微信让人觉得忙不胜忙。官方的各种团拜会、新春茶话会、文艺会演等,也让人眼花缭乱。

古人过年要烦琐很多。正月初一,朝廷要举办"大朝"。各级官员按照等级向皇帝进献礼物,高级官员有资格到殿上去喊"皇上万岁",然后大家一起听音乐吃大餐。范晔在《后汉书·志第五·礼仪中》记载:"每岁首正月,为大朝受贺。其仪:夜漏未尽七刻,钟鸣,受贺。及贽,公、侯璧,中二千石、二千石羔,千石、六百石雁,四百石以下雉。百官贺正月。二千石以上上殿称万岁。举觞御坐前。司空奉羹,大司农奉饭,奏食举之乐。百官受赐宴飨,大作乐。"

朝廷过节还会有严肃的学术辩论。东汉光武帝曾在元旦朝贺大会上,令群臣中能说经者,于廷前辩论驳难,理屈词穷的将席位让给辩胜者。结果,学京氏易的戴凭连连获胜,夺座席五十余。《儒林列传第六十九上》为此记载:"正旦朝贺，百僚毕会，帝令群臣能说经者更相难诘，义有不通，辄夺其席以益通者，凭遂重坐五十余席。故京师为之语曰：'解经不穷戴侍中。'"

除了自己人，还有蛮夷进贡，"正月旦，天子幸德阳殿，临轩。公、卿、将、大夫、百官各陪位朝贺。蛮、貊、胡、羌朝贡毕，见属郡计吏，皆陛觐，庭燎。宗室诸刘亲会，万人以上，立西面"。有一年的朝廷庆典，还有东罗马（有人说叙利亚）来的表演者。还有一年，缅甸的一个代表团来到京城，声称是大秦人（东罗马），他们中有不少魔术师，"能变化吐火，自支解，易牛马头，又善跳丸，数乃至千"。

张衡在其名篇《东京赋》里说："于是孟春元日，群后旁戾。百僚师师，于斯胥泊。藩国奉聘，要荒来质。具惟帝臣，献琛执贽。当觐乎殿下者，盖数万以二。尔乃九宾重，胪人列。崇牙张，镛鼓设。郎将司阶，虎戟交铩龙辂充庭，云旗拂霓。夏正三朝，庭燎晢晢。"

上有所好，下必甚之。东汉崔寔《四民月令》记载，在元旦后，要"谒贺君、师、故将、宗人、父兄、父友、友、亲、乡党耆老"，民间贺年因此大张旗鼓地开展起来。过年的时间不断延伸，兼并了腊月和正月，也就毫不奇怪了。

四

在古典文学作品中,写过年最为细致的莫过于《红楼梦》。

"当下已是腊月,离年日近,王夫人与凤姐治办年事。"年事最重要者莫过于祭祖,"贾珍那边,开了宗祠,着人打扫,收拾供器,请神主,又打扫上房,以备悬供遗真影像"。其次是压岁,就是发放压岁钱。贾府的压岁钱做得很精致,用一百五十三两六钱七分碎金子铸了二百二十个小锞子,有梅花式的,有海棠式的,还有笔锭如意、八宝联春等不同样式。三是送年礼,其中承包贾家庄园土地的庄头乌进孝此时也按规矩给贾家进贡、送礼:"大鹿三十只,獐子五十只,狍子五十只,暹猪二十个……各色杂鱼二百斤,活鸡、鸭、鹅各二百只,风鸡、鸭、鹅二百只,野鸡、兔子各二百对……"折合银子有二千五百两之多。四是向本府子弟们发放年物。五是贴对联,换门神。书中说,到了腊月二十九,荣宁二府已经"换了门神、联对"。六是门面、挂牌等显眼之处,一般需要油饰见新,故书中有"新油了桃符,焕然一新"等字样。

到大年三十祭祖,贾府上下,"将五间大厅,三间抱厦,内外廊檐，阶上阶下两丹墀内，花团锦簇，塞得无一隙空地"。祭祖之后，再给尊长拜礼，长辈受礼的同时开始散压岁钱，包括准备好的金银锞和荷包等。受礼散钱之后，开始全家的合欢宴。整个除夕之夜，两府内外，荣宁街上，统统都是灯火高挑，爆竹齐鸣，笑语喧阗，竟夜不绝。

从大年初一开始，至正月十五，前后半个月的时间，主要是拜年、吃年酒。"王夫人与凤姐是天天忙着请人吃年酒，那边厅上院内皆是戏酒，亲友络绎不绝，一连忙了七八日才完了。早又元宵将近，宁荣二府皆张灯结彩，十一日是贾赦请贾母等，次日贾珍又请，贾母皆去随便领了半日。王夫人和凤姐儿连日被人请去吃年酒。"一直到正月十七，贾府宗祠的大门才关上，供奉的祖宗影像也收了起来。但年还未过完，十七日当天薛姨妈就来请贾母吃年酒，十八日是赖大家，十九日是赖升家，二十日是林之孝家，二十一日单大良家，二十二日吴新登家。

当然，曹雪芹描写贾府过年，既向人们展现贾府的热闹，也暴露了贾府的衰败。从元春省亲时的"烈火烹油、鲜花着锦"，到贾珍跟乌进孝哭穷，从"除夕祭宗祠"的人山人海，到"元宵开夜宴"时的冷清，贾府的败象已很明显。但即使如此，贾府上下贪图虚荣，没有热闹创造热闹，没有

○ 打上一盆糨糊，门楣贴上对联。家家鲜艳红色，样子才像过年。——老树

【过年】

快乐就利用过节来进行"快乐总动员",或不顾天时、人为延长过节时间,一直处于过节的"欢乐大本营"中,只有贾宝玉最受不了荣宁两府的热闹。

五

到了现代,作家笔下的过年则多系写实,记下了各地的过年习俗。

如鲁迅的《祝福》写江浙一带的过年:"这是鲁镇年终的大典,致敬尽礼,迎接福神,拜求来年一年中的好运气的。杀鸡,宰鹅,买猪肉,用心细细地洗,女人的臂膊都在水里浸得通红,有的还戴着绞丝银镯子。煮熟之后,横七竖八地插些筷子在这类东西上,可就称为'福礼'了,五更天陈列起来,并且点上香烛,恭请福神们来享用,拜的却只限于男人,拜完自然仍然是放爆竹。年年如此,家家如此。"

同样是江浙人的丰子恺也详细地写过《过年》,其中讨债一段有地方特色:"街上提着灯笼讨账的,络绎不绝。直到天色将晓,还有人提着灯笼急急忙忙地跑来跑去。这只灯笼是千万少不得的。提灯笼,表示还是大年夜,可以讨债;如果不提灯笼,那就是新年元旦,欠债的可以打你几记耳光，要你保他三年顺境。因为大年初一讨债是禁忌的。但这时候我家早已结账，关店，正在点起了香烛迎接灶君菩萨。此时通行吃接灶圆子。管账先生一面吃圆子，一面向我母亲报告账务。说到盈余，笑容满面。母亲照例额外送他十只银角子，给他'新年里吃青果茶'。他告别回去，我们也收拾，睡觉。但是睡不到二个钟头，又得起来，拜年的乡下客人已经来了。"

沈从文先生回忆湘西人过年："我生长家乡是湘西边上一个居民不到一万户口的小县城，但是狮子龙灯焰火，半世纪前在湘西各县极著名。逢年过节，各街坊多有自己的灯。由初一到十二叫'送灯'，只是全城敲锣打鼓各处玩去。白天多大锣大鼓在桥头上表演戏水，或在八九张方桌上盘旋上下。晚上则在灯火下玩蚌壳精，用细乐伴奏。十三到十五叫'烧灯'，主要比赛转到另一方面，看谁家焰火出众超群。"

梁实秋写的《北平年景》则说："吃是过年的主要节目。年菜是标准化了的，家家一律。人口旺的人家要进全猪，连下水带猪头，分别处理下咽。一锅炖肉，加上蘑菇是一碗，加上粉丝又是一碗，加上山药又是一碗，大盆的芥末墩儿、鱼冻儿、肉皮辣酱，成缸的大腌白菜、芥菜疙瘩管够。初一不动刀，初五以前不开市，年菜非囤积不可，结果是年菜等于剩菜，吃倒了胃口而后已。"

老舍也写过北京人过年："过了二十三，大家就更忙起来，新年眨眼就到了啊。在除夕以前，家家必须把春联贴好，必须大扫除一次，名曰扫房。必须把肉、鸡、鱼、青菜、年糕什么的都预备充足，至少足够吃用一个星期的——按老习惯，铺户多数关五天门，到正月初六才开张。假若不预备下几天的吃食，临时不容易补充。还有，旧社会里的老妈妈们，讲究在除夕把一切该切出来的东西都切出来，省得在正月初一到初五再动刀，动刀剪是不吉利的。这含有迷信的意思。不过它也表现了我们确是爱和平的人，在一岁之首连切菜刀都不愿动一动。"

鲁迅还写过一篇《过年》的随感，大家过年的待遇是一样的：结账，祀神，祭祖，放鞭炮，打马将，拜年，"恭喜发财"！但是，"叫人整年的悲愤，劳作的英雄们，一定是自己毫不知道悲愤，劳作的人物。在实际上，悲愤者和劳作者，是时时需要休息和高兴的。古埃及的奴隶们，有时也会冷然一笑。这是蔑视一切的笑。不懂得这笑的意义者，只有主子和自安于奴才生活，而劳作较少，并且失了悲愤的奴才"。

鲁迅有"视民如伤"的儒家情怀。在对新年的祝福中，确实既要恭喜发财，也要祝福人类和人性将遇到的挑战、灾难和不幸，其中也有我们身边被命运选中的亲友。阿赫玛托娃就有名诗：新年好！新的悲伤好！

我在2016年给凤凰网的新年寄语也曾如此感慨：在2016年，"跑路学"成了汉语世界的显学。有人说，没有例外，"移民教父"贾葭或成最大赢家。在对用脚投票表示理解的同时，我们也当知道，地球村里已经同气连枝。

我们几代人一同经历了全球化浪潮的喜剧，也经历着全球化的反动。在文明的时运变迁里，既然我们应劫应运而生，就得印劫印运，如此庶几完善美满。

中国文化把这种行为称作通天下之志，定天下之业，断天下之疑。

我们在这里，领受我们当受的福报、福祉和报应，吉凶与一切众生同患。唯有如此，才能有望贞下起元；唯有如此，一元可复，复始而万象更新。

祝福新年！"新年好，新的悲伤好！"

在家乡过年

在外十年，平均一年回一次家，随州在我眼里就由一个质朴的南方小城变得世俗起来。韩少功抒发过这种感慨，当工业化覆盖全球，故乡和祖国就悄然变质。不管在什么地方，到处都在建水泥楼，到处都在跳霹雳舞，到处都在流行同一首歌，到处都在穿牛仔裤，到处都在推销日本的电器和美国的电影。但我更有兴趣的是人们是否真的已在小康之路上。

在朋友家，不用我说，朋友就问起北京的工资水平和物价，他曾经在十个月里一共领薪水七百元，有一个月只领到三十五元薪水。现在他的处境略有改善，但也只是略微改善而已。讲起随州的收入和消费，令人感到我们的道路确是曲折的。朋友夫妇是双职工，两人抚养一个孩子，仍感吃力，更不用说添置家具衣物，花钱大方一点。说到前途，简直是没有指望，没有干劲。

回到哥嫂家，母亲已在家忙活。叫一声母亲，坐下来。

母亲说她听见晓霞说我回来了，就在心里对自己说儿子还晓得自己的娘在这儿。我不知道怎样安慰母亲，问母亲能吃饭吗，母亲说能吃。问母亲身体可好，没得过什么病吧，母亲说这一年还好，特别是下半年信了"猪"以后，身体好多了。母亲说她信的这个"猪"好。我是知道母亲上了年纪后有些迷信，随州的名堂也多得很，但还不知道这个"猪"跟观音菩萨、玉皇大帝有什么关系，母亲絮絮地谈起她这个新的"信仰"，说这个"猪"好，他自己受苦受难，又灵验，星期五在十字架上被钉死，星期日复活了。我恍然大悟，晓霞侄女说的"走叫会"是走教会，母亲说的"猪"是主、上帝。

母亲信了天主教。用我们的话说，是入了教，皈依了上帝。而在随州和母亲，都是把这当作迷信看待和接受。母亲说起教义，晓霞侄女就异样地笑起来，母亲自己也笑，但她仍向我传布福音。他们（教会里的姐妹）要母亲宽容、忍耐。母亲曾请教：人家骂我、训我、打我，我还忍气吞声，那不是输了？传道的人就招呼大家：你们看哪，这位姊妹说人家骂她她忍耐就是输了。大家就笑说：主呵，宽恕吧，然后生活。就这样，在善男信女的氛围里，母亲信了主。

母亲也是山里人，不知道她是怎样跟父亲结了婚。两人都算是失了根基，在一个新的村子落户，做人家，无依无靠，经常受有权有势的人家的欺侮。父亲脾气不好，性格内向，有气有累总是往母亲身上发泄，父亲骂母亲是经常的事。母亲又是个倔强硬气的人，从来不跟父亲理论，所有的苦楚和冤屈都咽进心底，至多有时说两句父亲："你这还算是个男人？"母亲身体不好。母亲跟我讲过，她生下我们没几天就挑着一二百斤的担子进城来来回回十几趟。母亲绝望时说："我要是个男人……"我至今记得20世纪80年代初家里没有饭吃，全家每天吃两顿饭的时光；我永远记得母亲气病之中做好饭后默默回房躺在床上任凭我们兄弟姐妹跪在床头也不起来吃饭的情景。我十一岁时离开父母，常年在外读书、工作、生活，并不了解父母的一切，然而，想起父母，那些记忆里的苦难往事历历在目，但实在不想多说。《彭德怀自述》中，回忆儿时的穷苦和亲人的惨痛，常常写道：不写了，眼泪又出来了。我因此格外敬重彭大将军。

但是，母亲，作为一个普普通通的中国女人，经历了多少事啊。每一人生的经历对于母亲都是苦难的体验。我们常常惊叹于几百年的欧洲历史文化进程在短短的几十年间都为中国经历过了。对母亲来说，上千年的中国历史文化进程不更浓缩成为母亲个人的生命了？尤其是当日子刚刚有了温饱，改革开放又把中国推向一个急剧旋转的舞台。母亲却老了，儿女们也不再围着她转。伦常的、道德的、体现社会秩序的东西失掉了，面对我们时代的"人文景观"，母亲又怎样在困惑或不理解中接受了呢？

第二天起床，天空飘起雪花。吃完早饭，雪越下越大。跟母亲招呼说要去朋友家，就出门按朋友交代的方位找去。一路也看看雪里的随州城。经过一家菜市场，市场里乡音询价、叫卖声听来格外亲切，看着丰富的菜蔬、活的家禽和新鲜的鱼肉，也有一种说不出的餍足。在手推车、自行车和人的推推挤挤中向前，抬头一瞥间，看见了那熟悉的面容，喊了几声，绕过去，径直到父亲卖菜的架子车前喊父亲，父亲才看见是在北京的儿子回来了。父亲的菜已卖得差不多，剩下的一点青菜是要给母亲送过去的。我帮父亲推了几步，父亲让我走，我就又去朋友处。

朋友也是郊区人，但家境比我的要好得多，在城边建了一幢两层楼的房子。我去时，一家正坐在堂屋里，围着炭盆的红火看电视。我一进屋，女人们，朋友的母亲、妻子、妹妹，立即走到一边坐着。朋友的妻子给我打来一盆冒着热气的洗脸水，让我暖和暖和。这勤敬的礼节让我想起俄罗斯的女人们，在寒冷、贫穷、饥饿、酗酒的丈夫面前她们从不抱怨，而且总是会想办法给丈夫和孩子供应滚烫的热水，风俗习惯和生活礼仪中都有着人性和神性的光芒。跟朋友及其家人聊天，没有什么新的内容、话题。普通人的生活能安于一种节欲惜福的平庸，也是可贵的境界吧。吃饭的时候，朋友和我，以及陪客坐在酒席上，女人们在一旁，怎么说也不落座，她们在一起说着家常偶尔抬眼看一下我们，劝我们多喝酒、多吃菜，这情景使得记忆里家乡女人们待客的种种情景又清晰起来。看来，无论穷富，没有经过知识的吸纳、积累和自我教养，没有经过文化习俗的革新演进，人们始终不会有一种现代意识和生活理性，习俗也不会打上现代成熟的市民文化形态的烙印。

就这样，回家几天，总想贴近地感受家乡小城的喜怒哀乐。上帝让我们诞生，每一处空间就因我们有了意义。这是我言语和精神的源头呵。面对北京、深圳这样还不算发达、成熟的大都市，随州的存在样式、人们的生活和心理习惯就已经相差甚远，更不用说经受那些最前沿的物质文明的洗礼。然而，在自己演进的过程里，这一个空间、地域、文化的存在又是自足的，我们无法解开这个超出人的理解力之上的造物神秘，我们无法释怀。

终于在雪住天晴的正月，我走在大街上，面对热闹的街市，我就像那化鹤千年而飞回的丁令威，心里充满了感动，这故乡的人呵,你们来,让我看看你们是欢乐抑或悲哀。我在二哥的陪同下买东西,才晓得随州"假冒伪劣"商品盛行得让人吃惊。任何烟、酒之类的东西不通过熟人,买到手的绝对是假货。归根结底,是市场保证了供给,而不是供给的伪劣侵蚀市场。对假冒伪劣,我虽深恶痛绝,但绝对理解同情。市场乱了吗?没有,更多的是供求皆大欢喜。真理可以由经济学家们来判别,真实只能由普通人书写。毕竟群众需要,人们穷得太久、土得太久,需要假冒的名牌安慰自己、需要欺骗别人尽快提高自己的生活水平。虽然假冒伪劣现象远非这几句话就能说明。

因为没有沟通好,错失了大年三十早晨到乡下二哥家吃年饭的机会。我们家乡农村的习惯,这顿年饭是一年中最隆重的饭。俗语说,小年喝粥,大年吃肉。小年是无足轻重的。农历二十四是家家户户过小年的日子,一般大姓如姓王的先过,在二十三这天过小年,小姓如姓曹的、姓冷的后过,在二十四这天过小年。这里面有什么讲究,我不知道,也没有机会考证,只记得过小年时有一句损人的话,见到别人就招呼:我们家今天过年,你们是后天(指农历二十五)过年吧。因为在农历二十五过年的人是王八,所以这阴损的骂人的玩笑只限于小孩或成年人挑逗无知的孩子。过小年没有什么内容,农村灶屋(厨房)常年为柴火所熏,积下的烟尘像蛛网一样，男人们就在这一天用新买结束的笤帚打扫一次，一年就这么一次打扫，于是焕然。到晚上吃一顿稀饭。过小年如此而已。到了农历二十六、二十七，大人、孩子们就开始忙碌。二十八的家家炸，二十九的家家有。得为二十八的那天炸、炒、烹、煮做准备，有的在此前就做好一两样，例如炒花生、炒蚕豆、炒瓜子，到二十八下午开始做点心、包豆皮饼、炼猪油，再用油炸萝卜豇豆丸子，炸三鲜、炸麻叶子、炸糯米汤圆、炸莲藕……常常一直炸到深夜。我常常怀念家乡的一些食物，我曾向女友描述过家乡的食物、菜蔬是如何美好而充满一种质朴的至味。南方的一些小城是过日子的典范。可惜太贫穷落后了过不好日子，暴发后又让城市工业文明同化了。到二十九家家有了，一切都准备好，只待大年三十到来。当二十九刚刚成为过去，凌晨一两点，稍懒一点的也就四五点钟，男人、女人起床做菜，除了一两种蔬菜外，把一切能做出的荤菜如鸡、鸭、鱼、肉都变着花样做出来，做满满一桌子，孩子们也起来了，开始敬神拜祖，然后放鞭炮，全家喝酒吃饭。往往吃完年饭天还没亮或蒙蒙亮。我就是1969年初，也就是1968年农历大年三十全家刚吃完饭后出世的，也许正是晨色苍茫时刻，父亲不愿再多一张吃饭的嘴，要把我丢在拾粪筐中扔到茅坑里，待辨认出我是一个带把儿的，才又息心让人安顿我和母亲。我常想出生那一时辰，该是怎样一幅情景啊。世界都放鞭炮，都喝得醉醺醺地祝福。而我这次错失了机会，没有听到全村此起彼伏连续几小时宣告这家那家开始吃年饭的鞭炮声。

我到乡下老家是去三哥家吃中饭的年饭。这以后就在老屋里跟父亲"同腿儿"（家乡话，睡一床盖一被的意思）几天，对老人的生活又有几分感觉。在北方生活的人到南方过冬总是不习惯，总是觉得"天道"出奇地冷，屋子里没有取暖的东西，到室外走动也比室内静坐暖和。父亲的双脚小心翼翼地搁在我的背后，虽有一段距离，但我仍感到了冰凉。我贴靠着父亲的双脚，几乎改变不了什么。难道老人气脉真的不再血旺，而这里穷困的老人千年来一直这么度过冬天的？我不敢深想历史。跟父亲拉家常，劝父亲到哥哥们家吃住去，不管怎样有儿孙在一起，既热闹又有照应。父亲却硬气，儿子媳妇不开口，不心甘情愿地伺候，他不会主动去吃饭，更不用说看人的脸色的饭。何况儿子媳妇都在国家单位工作，却又都住在农村，单位效益不好，仍要从地里取点补偿，父亲去吃住，不是又要做长工吗？父亲做过地主富农的长工，又劳累了一辈子，儿女都已成人，他不愿也做不动农活儿了，他不愿白吃住儿子又不愿为此再去吃苦受累。父亲说，只要儿子媳妇时时记得他，当他老了又不能自理了儿子媳妇能照顾他就已经很知足。想到父亲这样的心思，禁不住好笑又难受。

然而父母还是很担心我。有天晚上听他在床那头自言自语般地说：蒋亚平这人只有哄老子的劲儿，嗯，在北京，说我儿子左挑、右挑，眼都挑花了，找个媳妇容易得很。我这才恍然，前年父母到北京，蒋亚平去探望时曾如此这般地安慰过父母。母亲也这么说过，母亲是在上帝面前祈祷，求上帝庇护我，母亲将为上帝做"美好的见证"。我因此深想我爱的，她远在北京，对这里的一切都陌生，而从这里走出的我将会爱她一生，担当、表达、生活，生命是怎样一种因缘呵。

【全书完】

余世存

知名学者，作家，诗人。

湖北随州人，现居北京。毕业于北京大学中文系。曾任《战略与管理》执行主编。被称为"当代中国最富有思想冲击力、最具有历史使命感和知识分子气质的思想者之一"。近年来致力于研究中国人的时间文化，"时间之书"系列已成为百万级传统文化通识IP。

已出版《非常道》《老子传》《家世》《自省之书》《大时间：重新发现易经》《时间之书》《节日之书》《打开金刚经的世界》等二十余部专著。

其中：

《非常道》获国家图书馆第二届文津图书奖推荐图书；

《时间之书》获国家图书馆第十三届文津图书奖推荐图书；

《节日之书》获国家图书馆第十五届文津图书奖推荐图书。

"余世存"视频号　　"余世存"抖音号　　"余世存"微信公众号

节日之书

作者_余世存　绘图_老树画画

产品经理_邵蕊蕊 赵凌云　特约策划_余江江　产品统筹_李静
封面设计_达克兰　内文制作_朱镜霖　技术编辑_陈皮
执行印制_刘淼　策划人_路金波

营销团队_闫冠宇 杨喆 刘雨稀　物料设计_孙莹

鸣谢

余玲

果麦
www.guomai.cn

以 微 小 的 力 量 推 动 文 明

图书在版编目（CIP）数据

节日之书 / 余世存著 －－ 海口：海南出版社，2024.12. －－ ISBN 978-7-5730-1879-3

I. K892.1-49

中国国家版本馆 CIP 数据核字第 2024GE6603 号

节日之书
JIERI ZHI SHU

作　　者：	余世存
责任编辑：	张　雪
产品经理：	邵蕊蕊　赵凌云
特约策划：	余江江
内文插图：	老树画画
封面设计：	达克兰
责任印制：	郄亚喃
印刷装订：	北京盛通印刷股份有限公司
读者服务：	张西贝佳
出版发行：	海南出版社
总社地址：	海口市金盘开发区建设三横路 2 号
邮　　编：	570216
北京地址：	北京市朝阳区黄厂路 3 号院 7 号楼 101 室
电　　话：	0898-66812392　　010-87336670
投稿邮箱：	hnbook@263.net
经　　销：	全国新华书店
版　　次：	2024 年 12 月第 1 版
印　　次：	2024 年 12 月第 1 次印刷
印　　数：	1—13,000
开　　本：	880 mm × 1 230 mm　　1/32
印　　张：	9.25
字　　数：	170 千字
书　　号：	ISBN 978-7-5730-1879-3
定　　价：	88.00 元

【版权所有，请勿翻印、转载，违者必究】

如有缺页、破损、倒装等印装质量问题，请寄回本社更换。